Hoerster
Was ist Moral?

W0062194

Norbert Hoerster

Was ist Moral?

Eine philosophische Einführung

Philipp Reclam jun. Stuttgart

RECLAMS UNIVERSAL-BIBLIOTHEK Nr. 18575
Alle Rechte vorbehalten
© 2008 Philipp Reclam jun. GmbH & Co., Stuttgart
Gesamtherstellung: Reclam, Ditzingen. Printed in Germany 2008
RECLAM, UNIVERSAL-BIBLIOTHEK und
RECLAMS UNIVERSAL-BIBLIOTHEK sind eingetragene Marken
der Philipp Reclam jun. GmbH & Co., Stuttgart
ISBN 978-3-15-018575-9

www.reclam.de

Inhalt

Einleitung

Im Alltag sind wir weitgehend darauf angewiesen, jene Moralnormen zu vertreten und zu befolgen, die wir von Kind auf gelernt haben. Zum Teil sind dies bei allen Menschen dieselben Normen. Man denke an das Verbot des Diebstahls oder an das Verbot der Lüge. Zum Teil bestehen zwischen den moralischen Einstellungen der Menschen und der Gesellschaften aber auch große Unterschiede. Man denke an die Frage der Abtreibung oder an die Frage, ob man Tiere zum Fleischverzehr töten darf.

Häufig beruhen moralische Unterschiede auf religiösen Überzeugungen. Diese aber sind nicht nur vielgestaltig, sondern auch wandelbar. So sind nach der traditionellen Lehre der katholischen Kirche sexuelle Handlungen außerhalb der Ehe als schwere Sünde verboten. Inzwischen wird dieses Verbot jedoch, obschon es im *Katechismus der Katholischen Kirche* nach wie vor verkündet wird, immer weniger ernst genommen.

Ist also jede Moral nur relativ? Und ist es nur Zufall, dass *einigen* Moralnormen jeder zustimmt? Oder gibt es Moralnormen, denen jeder, sofern er nur seiner Vernunft folgt, eigentlich zustimmen *muss*? Wie aber sieht die *Methode* aus, mit deren Hilfe wir diese Moralnormen ermitteln und als für jeden begründet erweisen können? Außerdem: Besitzt der Mensch überhaupt die Freiheit, um für sein Handeln verantwortlich zu sein?

Dies sind die Fragen, die ich im Folgenden, leicht verständlich und unbefrachtet von Bildungswissen, erörtern werde.

I.

Was bedeutet das Wort »Moral«?

Was verstehen wir unter »Moral«? Wir bekennen uns zum Beispiel zu bestimmten »moralischen Werten«. Wir sprechen von den »moralischen Pflichten«, die Eltern haben. Oder wir bezeichnen bestimmte Normen, die die Menschen befolgen oder jedenfalls befolgen sollen, als »moralische Normen«. (Anstatt von »Normen« kann man – mit weitgehend gleicher Bedeutung – auch von »Regeln« oder von »Prinzipien« sprechen.)

Aus einem solchen Sprachgebrauch ergibt sich zweierlei: Erstens gibt es außer *moralischen* Werten, Pflichten und Normen offenbar auch noch *andere, nichtmoralische* Werte, Pflichten und Normen. Und zweitens gehen wir davon aus, dass diese anderen Werte, Pflichten und Normen sich von den spezifisch moralischen Werten, Pflichten und Normen irgendwie unterscheiden und abgrenzen lassen.

Damit sind wir genau bei dem Thema dieses ersten Kapitels angelangt: Wie lässt sich das, was wir gewöhnlich als »Moral« oder als »moralisch« bezeichnen, genauer verstehen und charakterisieren? Wie können wir den Begriff der Moral fassen? Was macht das Wesen der Moral aus? Wir wollen diese Fragen am Beispiel der moralischen *Norm*, der Moralnorm, untersuchen. Denn es sind ohne Zweifel Normen (Regeln, Prinzipien), die im Zentrum der Moral stehen. Andere Elemente der Moral – wie Werte oder Pflichten – lassen sich wesentlich in Normen übersetzen.

Was also ist es, das eine Norm speziell zu einer *Moral-norm* macht? Man betrachte die folgenden Beispiele:

Norm 1: Man soll sich zur Begrüßung die Hand geben.
Norm 2: Man soll Tiere nicht quälen.

Mit Sicherheit würden wir nicht diese beiden Normen unterschiedslos als Normen der »Moral« bezeichnen. Wir würden vielmehr nur von Norm 2 als einer »Moralnorm«, von Norm 1 dagegen eher als einer Norm der »Sitte«, »Konvention« oder »Etikette« sprechen. Was genau ist es aber, das Norm 2 im Unterschied zu Norm 1 zu einer Norm der *Moral* macht? Und warum ist nach unserem Sprachgebrauch Norm 1 offenbar *keine* Norm der Moral?

Es ist nicht einfach, auf diese Fragen eine definitive Antwort zu finden. Dies ist deshalb nicht einfach, weil keineswegs alle Benutzer unserer Sprache genau dasselbe unter »Moral«, unter dem *Begriff* der Moral, verstehen. So verstehen manche Leute den Begriff so, dass nur Normen unter den Begriff fallen, die auf göttlichen Geboten beruhen; andere verstehen den Begriff so, dass nur solche Normen als »moralisch« gelten, die in der eigenen Gesellschaft allgemeine Anerkennung finden; wieder andere verstehen den Begriff so, dass nur solche Normen erfasst werden, deren Befolgung den Gesamtnutzen aller Betroffenen erhöht bzw. maximiert.

Trotzdem scheint mir, dass es so etwas wie einen gemeinsamen Nenner gibt, der für die meisten Menschen mit dem Moralbegriff – neben weiteren, je unterschiedlichen Elementen – jedenfalls *auch* verbunden ist. Bevor ich versuche, diesen gemeinsamen Nenner herauszuarbeiten, muss ich aber noch, um einem häufigen Missverständnis vorzubeugen, mit Nachdruck auf den folgenden wichtigen Punkt hinweisen.

Die Frage nach dem angemessenen Verständnis des *Begriffs* der Moral, die uns im vorliegenden Kapitel beschäftigt, ist *nicht* gleichbedeutend mit der Frage nach den begründbaren *Inhalten* der Moral, die uns in den späteren Kapiteln beschäftigen wird! Dies zeigen die folgenden Beispiele.

Norm 3: Sexuelle Handlungen sind nur in der Ehe zulässig.

Norm 4: Sexuelle Handlungen unter Erwachsenen sind auch außerhalb der Ehe zulässig.

Die erste Norm entspricht der offiziellen Lehre der katholischen Kirche, die zweite einer in unserer heutigen Bevölkerung verbreiteten Einstellung. Beide Normen sind nach dem Verständnis derer, die sie vertreten oder befürworten, ganz offenbar Normen der *Moral* – und nicht etwa bloß der Sitte oder Konvention.

Nun können jedoch diese beiden Normen der Moral offensichtlich nicht beide gleicherweise begründbar sein, da sie einander ja deutlich widersprechen: Wer Norm 3 vertritt, kann rationalerweise nicht gleichzeitig Norm 4 vertreten. Das aber zeigt uns, dass die bloße Bezeichnung einer Norm als Moralnorm keineswegs schon eine Bewertung dieser Norm als begründet oder unbegründet, als legitim oder illegitim mit einschließt. Man kann ohne weiteres auch eine solche Norm als Moralnorm betrachten und bezeichnen, die man selbst für völlig unbegründet hält oder zu der man, was ihre Begründetheit angeht, gar nicht Stellung nehmen möchte. Ob eine Norm als Moralnorm anzusehen ist oder nicht, hängt also nicht davon ab, ob man selbst dieser Norm zustimmt. Es genügt, wenn *irgendjemand* der Norm als einer Moralnorm zustimmt, das heißt, sie als Moralnorm sowohl seinen Mitmenschen gegenüber vertritt als auch als Richtschnur für das eigene Verhalten akzeptiert und sie auf diese Weise empirisch existent macht.

Eine »Moralnorm« ist also nicht automatisch bereits eine begründete, legitime oder richtige Moralnorm; sie ist lediglich eine Norm, hinter der eine bestimmte (noch zu erläuternde) generelle Einstellung oder Haltung steht, wie sie Moralnormen von Normen anderer, außermoralischer Art unterscheidet. Insofern kann es ohne weiteres der Fall sein, dass etwa ein Adolf Hitler ebenso Moralnormen vertritt bzw. eine Moral hat wie ein Albert Schweitzer – obschon es sich hier zumindest teilweise um Moralnormen sehr unterschiedlichen Inhalts handeln dürfte, die wir dementsprechend unterschiedlich bewerten würden. Es ist fraglich, ob es überhaupt erwachsene Menschen gibt, die *gar keine* Moral haben. Über diese Frage kann man sich aber erst dann sinnvoll Gedanken machen, nachdem man den Moralbegriff einigermaßen geklärt hat.

Nicht sinnvoll wäre es gewiss, ausschließlich solche Normen als »Moralnormen« zu bezeichnen, die in der betreffenden Gesellschaft, in der sie von jemandem vertreten werden, *überwiegend* Zustimmung finden oder vertreten werden. Man betrachte das folgende Beispiel:

Norm 5: Man soll nicht zum Fleischverzehr Tiere tö-
        ten.

Diese Norm, die manche Tierrechtler vertreten, ist
offenbar ebenso eine Moralnorm wie Norm 2. Anders
als Norm 2 findet sie aber in unserer gegenwärtigen
Gesellschaft, die ja nicht mehrheitlich aus Vegetariern
besteht, keine überwiegende Zustimmung. Trotzdem
kann man nicht ausschließen, dass sich dies eines Tages ändern wird. Die in einer Gesellschaft *herrschen-
de* Moral pflegt sich eben – zumindest in manchen
Punkten – im Lauf der Zeit zu ändern. (Man denke
an das Beispiel der Sexualmoral.) Einige Moralnormen verlieren, andere gewinnen allmählich an Zustimmung. Es wäre unter diesen Umständen un-
zweckmäßig, eine Norm, die ein Individuum auf dem
Hintergrund einer ganz bestimmten, als durchaus
»moralisch« zu charakterisierenden eigenen Einstellung vertritt, nur deshalb *nicht* als Moralnorm zu bezeichnen, weil die Mehrheit innerhalb der Gesellschaft sich nicht oder vielleicht noch nicht mit dieser
Norm identifiziert. Man sollte nicht von vornherein
die Möglichkeit ausschließen, dass jeder Mensch seine
ganz persönliche Moral hat.

  Wie aber kann nun, *positiv* formuliert, jener gemein-
same Nenner lauten, der einem weithin geteilten Verständnis von »Moral« bzw. »moralisch« entspricht und
der damit Moralnormen von außermoralischen Normen unterscheidet und abgrenzt? Es gibt unter Philosophen mehr als einen Vorschlag, diese Frage zu beantworten. Ich möchte im Folgenden einen relativ *weiten*
und rein *formalen* Begriff der Moral vertreten. Zum ei-

nen eröffnet dies die Chance, tatsächlich so etwas wie den gemeinsamen Nenner eines allgemeinen Moralverständnisses zu erfassen. Und zum anderen entgeht man auf diese Weise am ehesten der Gefahr, gewisse Moralnormen, die man selbst in hohem Maße für begründet oder gar für unverzichtbar hält, bereits in den Begriff der Moral hineinzulegen und damit jene wichtige Unterscheidung zwischen einer »Moralnorm« und einer »begründeten Moralnorm«, für die ich oben plädiert habe, nicht durchzuhalten.

Ich möchte unter einer Moralnorm eine Norm verstehen, die man in zweierlei Hinsicht als *allgemein* bezeichnen kann:

1. Die Norm nimmt keinen inhaltlichen Bezug auf Eigennamen.
2. Die Norm wird mit dem Anspruch auf universale Zustimmung vertreten.

Zunächst: Was ist damit gemeint, dass eine Norm keinen inhaltlichen Bezug auf Eigennamen nimmt?

Norm 6: Hans soll nicht lügen.
Norm 7: Männer sollen als Kleidung eine Hose tragen.

Norm 6 wird fraglos als Moralnorm verstanden. Wie ist das aber mit meiner These zu vereinbaren, eine Moralnorm könne keinen Bezug auf Eigennamen (wie hier »Hans«) nehmen? Die Lösung ist einfach: Wohl niemand würde die genannte Norm ohne die folgende, im Hintergrund stehende allgemeine Norm »Menschen sollen nicht lügen« vertreten. Die Norm »Hans soll nicht lügen« ist gemäß der Einstellung ihres Vertreters V nichts anderes als eine logische Folgerung aus

dieser allgemeinen Norm, die ihre Basis bildet und die
V ebenfalls vertritt. Diese allgemeine Basisnorm aber
ist frei von jedem Bezug auf Eigennamen. Wir formu-
lieren das erste der beiden oben angeführten Moralkri-
terien deshalb genauer wie folgt: 1. Die Norm bzw.
ihre Basisnorm nimmt keinen inhaltlichen Bezug auf
Eigennamen.

Wie steht es aber um Norm 7? Hier verhält es sich
gerade umgekehrt wie bei Norm 6. In der Form, in der
Norm 7 formuliert ist, nimmt sie zwar keinen ausdrücklichen Bezug auf Eigennamen. Doch jemand, der
diese Norm vertritt, wird sie in der Regel nur in Bezug
auf die Mitglieder einer bestimmten Gesellschaft (oder
einer bestimmten Region) vertreten und dabei auf die
Sitten oder Konventionen dieser Gesellschaft Bezug
nehmen. Jede bestimmte Gesellschaft aber wird – nicht
anders als jedes bestimmte Individuum wie Hans –
sprachlich gewöhnlich durch einen Eigennamen (wie
»Frankreich« oder »Südamerika«) bezeichnet oder
kann zumindest so bezeichnet werden.

Derjenige, der eine Norm der Sitte oder Konvention
vertritt, hat gewöhnlich nicht den Wunsch, dass
schlechthin jeder Mensch sich dieser Norm gemäß
verhält. Es genügt ihm, dass bestimmte Personen bzw.
die Personen einer bestimmten Gesellschaft sich der
Norm gemäß verhalten. Er weiß, dass die Gebräuche
von Gesellschaft zu Gesellschaft ebenso variieren können wie die Geschmäcker von Individuum zu Individuum. Solange die Menschen sich in seiner eigenen
Gesellschaft gewissen Gebräuchen gemäß verhalten
(vgl. die Beispiele 1 und 7), hat er nichts dagegen,
wenn die Menschen in einer anderen Gesellschaft an-

deren Gebräuchen folgen, wenn also etwa die Männer in Schottland einen Rock anstelle einer Hose tragen.

Sind Moralnormen im Gegensatz zu Normen dieser Art nun dadurch gekennzeichnet, dass sie sich in jedem Fall an *alle* Menschen richten? Unsere bisherigen Beispiele 2–6 legen diese Annahme nahe; trotzdem wäre sie falsch. Moralnormen können sich ohne weiteres auch lediglich an bestimmte Menschen richten – *sofern* es sich dabei um Menschen handelt, denen bestimmte, als moralisch relevant betrachtete *Eigenschaften* zukommen. Dabei müssen sich diese Moralnormen aber auch in diesem Fall unterschiedslos an *alle betroffenen* Menschen (alle Menschen mit diesen Eigenschaften!) und nicht nur an *bestimmte* Menschen mit diesen Eigenschaften richten, die wiederum durch Eigennamen erfassbar sind. Die folgenden Beispiele mögen dies deutlich machen.

Norm 8: Frauen sollen keinen selbstständigen Beruf ausüben.
Norm 9: Wer Millionär ist, soll Geld für die Hungernden spenden.

Beide Normen richten sich offensichtlich nicht an *alle* Menschen. Aber sie richten sich ebenso offensichtlich an – gemäß der Einstellung jener Personen, die sie üblicherweise vertreten – alle Menschen, die bestimmte Eigenschaften haben. Insofern können sie durchaus als Moralnormen verstanden werden. Sollte Norm 8 allerdings – entsprechend wie Norm 7 – in der Weise vertreten werden, dass sie sich ausschließlich an die Frauen eines bestimmten Landes oder Kul-

turkreises richtet, so würde sie *nicht* als Moralnorm
zu betrachten sein.

Auch diese Beispiele zeigen übrigens nochmals
deutlich, dass die Bezeichnung einer Norm als »Moralnorm« nicht davon abhängig zu machen ist, ob man
selbst die Norm für begründet hält oder nicht: In unserer heutigen, westlichen Gesellschaft wird kaum jemand Norm 8 für begründet halten; und was Norm 9
angeht, so dürften die Meinungen geteilt sein. Moralnormen können die beiden Normen trotzdem genauso
wie die Normen 2 und 3 sein.

Ich komme nun zu dem zweiten der oben (S. 13) genannten Merkmale von Moralnormen: Eine Moralnorm ist eine Norm, die mit dem Anspruch auf universale Zustimmung vertreten wird. Damit ist Folgendes
gemeint: Vertrete ich eine typische Moralnorm wie
»Menschen sollen nicht lügen« (»Man soll nicht lügen«), dann bringe ich damit nicht nur einen bestimmten Wunsch oder Willen zum Ausdruck und fordere
von meinen Mitmenschen, dass sie nicht lügen. Ich er-
hebe außerdem auch den Anspruch an meine Mitmenschen, dass sie mir in einem umfassenden Sinn zustimmen. Das soll heißen: Ich fordere von meinen Mitmenschen nicht nur, dass sie *selber* nicht lügen. Ich fordere
von ihnen außerdem, dass sie auch *ihren* Mitmenschen
gegenüber das Lügeverbot vertreten, dass also auch sie
von ihren Mitmenschen fordern, nicht zu lügen. Anders
ausgedrückt: Ich will, dass meine Mitmenschen sich die
betreffende Norm *umfassend* zu eigen machen, d. h.,
dass sie 1. selber die Norm als deren Adressaten für sich
akzeptieren und befolgen und dass sie 2. sich dafür einsetzen, dass auch ihre Mitmenschen, die Adressaten der

Norm sind, die Norm akzeptieren und befolgen. Beide
diese Ziele sind in dem für Moralnormen bezeichnen-
den Anspruch auf universale Zustimmung enthalten.

Es hat jedoch den Anschein, dass sich im Normalfall
der Anspruch auf universale Zustimmung in dem an
die Mitmenschen gerichteten Wunsch oder Willen,
dass sie die betreffende Norm sowohl befolgen als
auch vertreten, noch nicht erschöpft. Inwiefern kann
der Anspruch auf universale Zustimmung hierüber
hinausgehen? Ich schlage die folgende Deutung vor:
Vertritt A eine Moralnorm, dann *will* A nicht nur, dass
seine Mitmenschen dieser Norm zustimmen. A ist darüber hinaus in der Regel auch der Meinung, dass seine
Mitmenschen durchaus einen *guten Grund* haben, dass
es für sie vernünftig oder rational ist, der Norm zuzustimmen. Denn wäre A nicht dieser Meinung, so
würde er seinen Wunsch nach universaler Zustimmung
seinen Mitmenschen gegenüber kaum offen zum Ausdruck bringen. Sein Wunsch hätte dann ja nicht die ge-
ringste Chance, auch realisiert zu werden!

Norm 10: Winzer sollen nur extrem trockene Weißweine produzieren.

Diese Norm wäre zwar ganz in meinem persönlichen
Sinn, da ich selbst ausschließlich extrem trockene
Weißweine trinke; und je mehr verschiedene Weine
dieser Art es gibt, umso größer ist natürlich meine
Auswahl. Trotzdem würde ich nie auf den Gedanken
kommen, diese Norm ernsthaft zu vertreten; denn ich
weiß, dass relativ wenige Individuen meine Vorliebe
teilen. Welchen Grund könnten unter diesen Umstän-

den meine Mitmenschen haben, der Norm zuzustimmen? Moralnormen sind nur solche Normen, die (wie
die Moralnormen in den obigen Beispielen) derjenige,
der sie vertritt, nach seiner eigenen Überzeugung seinen Mitmenschen gegenüber mit einer gewissen *Berechtigung* vertritt. Dem entspricht es, dass der Vertreter einer Moralnorm das betreffende Verhalten von seinen Mitmenschen gewöhnlich nicht bloß wünscht
oder seine Mitmenschen zu diesem Verhalten auffor-
dert, sondern dass er davon ausgeht, dieses Verhalten
von seinen Mitmenschen sogar *fordern* zu können.

Die große Frage lautet: Worin kann die angenom-
mene Berechtigung für eine solche Forderung liegen?
Anders ausgedrückt: Welchen Grund können meine
Mitmenschen haben, jenen Moralnormen, die ich vertrete, tatsächlich ihre Zustimmung zu geben und insofern dieselben Normen wie ich als Moralnormen zu
vertreten? Die Antwort auf diese Frage ist das eigentliche Thema des Buches: *Wie lässt sich überhaupt Moral begründen?* Wir werden sehen, dass auf diese Frage
ganz unterschiedliche Antworten denkbar sind, dass es
jedoch nur eine einzige Antwort gibt, die tatsächlich
der Kritik standhält und überzeugen kann.

Abschließend möchte ich noch einmal betonen, dass
ich es gewiss nicht für zwingend notwendig halte, den
Begriff der Moralnorm genau so zu verstehen, wie ich
ihn oben (S. 13 ff.) definiert und erläutert habe. Es besteht sowohl die Möglichkeit, diesen Begriff *enger* zu
fassen, das heißt, ihn an zusätzliche Voraussetzungen
zu knüpfen, als auch die Möglichkeit, ihn *weiter* zu
fassen, also auf eine oder auf beide der oben genannten
Allgemeinheitsbedingungen zu verzichten. Derjenige,

der Letzteres vorhat, wird sich jedoch eine Alternative überlegen müssen, nach der sich typische Moralnormen zumindest von *gewissen* anderen Normen (wie Normen 1 und 7) abgrenzen lassen.

Derjenige aber, der den Moralbegriff enger fassen und an bestimmte *inhaltliche* Forderungen (wie etwa an die Forderung nach gleicher Berücksichtigung der Interessen aller) binden möchte, muss Folgendes bedenken: Ein engerer Moralbegriff macht die *Moralbegründung* um nichts einfacher. Denn der Moralskeptiker braucht, ohne diesem Moralbegriff zu widersprechen, nur auf der Frage zu beharren: Welchen überzeugenden Grund hat denn der Einzelne, gerade jenen Normen, die sich aus diesem inhaltlich vorgeformten Moralbegriff ableiten lassen, seine Zustimmung zu geben? Warum soll er sich dazu verpflichtet fühlen, sein Verhalten gerade dieser von einigen Mitmenschen so genannten Moral anzupassen?

II.
Ist die Moral den Menschen vorgegeben?[1]

Norm 1: Die Tötung von Kindern in Gasöfen ist schlecht.

Mit diesem Beispiel beginnt Robert Spaemann, einer der gegenwärtig einflussreichsten deutschen Ethiker, sein vehementes Plädoyer für die These, dass Moral nicht »relativ«, sondern »allgemeingültig« ist – allgemeingültig in Form eines »natürlichen Sittengesetzes«. Da Spaemanns ethische Position für eine in unserer Gesellschaft verbreitete Sichtweise typisch ist, möchte ich der folgenden Erörterung der Allgemeingültigkeitsthese das Plädoyer Spaemanns zugrunde legen.

Spaemann hält die Sichtweise, der entsprechend es keine allgemeingültige Moral gibt und alle Moralnormen relativ sind, für ein »Vorurteil«. Dieses Vorurteil widerspreche einem »natürlichen Empfinden«, nach dem eine Moralnorm wie Norm 1 nur allgemeingültig sein *kann*. Derjenige, der dieses natürliche Empfinden für falsch halte, trage hierfür die »Beweislast« – eine Beweislast, der er nicht gerecht werden könne (S. 1).

Bevor wir uns mit Spaemanns Position auseinandersetzen, müssen wir uns zunächst fragen: Was ist mit der These, nach der es allgemeingültige, nicht relative Moralnormen gibt, genauer gemeint? Mir scheint das folgende Verständnis der These am besten gerecht zu werden: Es gibt Moralnormen, denen jeder Mensch *ra-*

---

1 Die im Folgenden isoliert in Klammern stehenden Seitenzahlen verweisen auf die Broschüre von Robert Spaemann, *Gut und böse – relativ? Über die Allgemeingültigkeit sittlicher Normen*, Freiburg ³1992.

tionalerweise zustimmen muss. Und zwar muss er diesen Moralnormen nicht etwa deshalb zustimmen, weil das Ziel, dem sie dienen – wie das Ziel von Norm 1, dass Kinder nicht in Gasöfen getötet werden –, bloß Inhalt seiner eigenen Vorlieben bzw. Präferenzen oder Wünsche ist. Sonst wären diese Moralnormen ja trotz allem relativ – relativ zu den Präferenzen individueller Menschen. Und es *könnte* Menschen geben (selbst wenn es solche Menschen tatsächlich nicht gibt), die dieses Ziel nicht haben und die insofern keinen Grund hätten, dieser Moralnorm ihre Zustimmung zu geben.

Das aber wäre mit der *Allgemeingültigkeit* dieser Moralnorm offensichtlich nicht vereinbar. Eine allgemeingültige Moralnorm muss nämlich jedem Menschen in der Weise *vorgegeben* sein, dass er sie ganz unabhängig von seinen Präferenzen mit der bloßen Vernunft als eine objektiv gültige Norm erkennen kann und ihr schon deshalb rationalerweise einfach zustimmen *muss* und dementsprechend, falls er seiner Vernunft folgt, auch zustimmen wird.

Anders ausgedrückt: Allgemeingültige Moralnormen im Sinne Spaemanns sind Normen, die objektiv vorhanden sind und die als objektive Normen prinzipiell vom Menschen als solche erkannt werden können. Insoweit sind allgemeingültige Moralnormen mit empirischen Tatsachen vergleichbar. Eine empirische Tatsache wie die, dass die Erde rund ist, ist ja ebenfalls als objektiv vorhanden dem Menschen vorgegeben, ist prinzipiell von ihm erkennbar und findet, sofern er der Vernunft folgt, auch seine Zustimmung. Diesen Vergleich darf man allerdings nicht so verstehen, als ob allgemeingültige Moralnormen in *derselben Realität* wie empirische Tatsachen existent und damit auf *dieselbe Weise* wie diese erkennbar wären.

Nach alledem können wir allgemeinverbindliche Moralnormen auch als den Menschen objektiv vorgegebene – oder einfach als *vorgegebene* – Moralnormen bezeichnen. Dabei ist zu betonen, dass in diesem Satz die Worte »den Menschen« im Sinn von »der Menschheit« zu verstehen sind. Denn die Tatsache, dass jedem *einzelnen* Menschen gewisse Moralnormen vorgegeben sind – nämlich als Forderungen seitens seiner Mitmenschen bzw. der Gesellschaft, in der er lebt –, ist ja zweifellos zutreffend, aber nicht mehr als eine triviale empirische Tatsache. Natürlich ist mir als Individuum in meiner Gesellschaft zum Beispiel die Moralnorm vorgegeben, dass ich nicht lügen soll, ebenso wie mir die Rechtsnorm vorgegeben ist, dass ich auf der Straße rechts fahren soll. Über die Frage, ob jedenfalls die erste dieser Normen aber auch der *Menschheit* in einem *außerempirischen* Sinn vorgegeben ist, ist damit nichts gesagt. Ja, eine bestimmte Moralnorm könnte auch dann der Menschheit vorgegeben sein, wenn sie im empirischen Sinn in keiner einzigen Gesellschaft existiert oder Geltung hat; denn es könnte der Fall sein, dass die Menschen die Norm entweder nicht erkennen oder dass sie ihr aus Willensschwäche die Zustimmung verweigern.

Hat Spaemann also recht, wenn er behauptet, es entspreche unserem »natürlichen Empfinden«, dass gewisse Moralnormen (wie Norm 1) als allgemeingültig dem Menschen vorgegeben sind und nicht etwa auf unseren Präferenzen beruhen? Ich glaube nicht, dass es eine eindeutige Antwort auf diese Frage gibt. Ich glaube vielmehr, dass die Allgemeingültigkeitsthese zwar dem »natürlichen Empfinden« einiger, ja vielleicht auch der meisten, keineswegs aber aller Menschen entspricht. Es dürfte sich hier ähnlich verhalten wie bei der Frage nach der Existenz Gottes. Auch die These der Existenz Gottes entspricht sicher dem »natürlichen Empfinden« vieler, aber keineswegs aller Menschen. Ja, in beiden Fällen beruht das betreffende Empfinden wohl weniger auf der Natur als auf der Erziehung und Sozialisation der Menschen. Das aber bedeutet: Die Berufung auf dieses Argument allein kann sicherlich in keinem der beiden Fälle ausreichen, die jeweilige These zu begründen.

Und in der Tat belässt es Spaemann nicht bei diesem einen Argument. Er nimmt vielmehr Bezug auf das, »was wir unter sittlichem Bewusstsein oder Gewissen verstehen«. Danach beruht, so meint er, das Sittliche darauf, »dass von bestimmten Dingen, Sachverhalten, Situationen, Lebewesen, Menschen für uns ein Anspruch ausgeht, dieselben adäquat aufzufassen und ihnen gemäß zu antworten« (S. 7 f.). Er spricht in diesem Zusammenhang auch von dem »Anspruch, der Wirklichkeit ›gerecht zu werden‹« (S. 7) bzw. von der »Forderung, den in Situationen begegnenden Dingen und Lebewesen ›gerecht zu werden‹« (S. 9) sowie von der hierzu notwendigen Einsicht in das, »was für den Menschen aufgrund seines Wesens gut ist und was zu beanspruchen ihm zusteht«. Hierfür aber gebe es »zweifellos [...] objektive Maßstäbe« (S. 10 f.). Spaemann bezeichnet dabei diese Maßstäbe auch als die »Inhalte des natürlichen Sittengesetzes« (S. 14).

Mit welchen Handlungen aber werden wir »der

Wirklichkeit gerecht« und mit welchen nicht? Ist dies nicht ein Kriterium, in das jeder mehr oder weniger einfach das hineinlegen kann, was ihm zupass kommt bzw. was seinen eigenen Wertmaßstäben oder Präferenzen entspricht? Anders gesagt: Handelt es sich bei diesem Kriterium nicht um eine bloße Leerformel? Es ist in diesem Zusammenhang aufschlussreich, sich die Beispiele für unmoralische Handlungen näher anzusehen, die Spaemann ausdrücklich anführt (S. 12 ff.).

Da finden sich in einer ersten Gruppe Beispiele wie Sklaverei, Tötung unschuldiger Geiseln, Folter und Lüge. Und da finden sich in einer zweiten Gruppe Beispiele wie Abtreibung, Gotteslästerung oder eine Weise des Geschlechtsverkehrs, bei der »der ›natürliche Zweck‹ der Weitergabe des Lebens […] durch zweckrationale Manipulation vereitelt wird« (S. 14).

Norm 2: Man darf Menschen nicht foltern.
Norm 3: Man darf nicht abtreiben.
Norm 4: Man darf keine Empfängnisverhütung aus-
üben.

Den Beispielen der ersten Gruppe (wie Norm 2) oder auch der obigen Norm 1 würde gewiss so gut wie jeder Mensch zustimmen; den Beispielen der zweiten Gruppe (wie Norm 3 und Norm 4) dagegen würden wohl vorwiegend religiös Strenggläubige zustimmen. Wieso, muss man sich fragen, wird ein Mensch, indem er abtreibt oder Empfängnisverhütung übt, »der Wirklichkeit nicht gerecht«? Auf der anderen Seite: Wieso wird ein Mensch, indem er unschuldige Kinder tötet oder Menschen foltert, »der Wirklichkeit nicht gerecht«?

Welche *Wirklichkeit*, die unserer Erkenntnis zugänglich ist, verbietet diese, ja verbietet *irgendwelche* Handlungen?

Man darf sich durch die Tatsache, dass jeder von uns einer Moralnorm wie Norm 2 ohne weiteres zustimmen würde, nicht irreführen lassen. Eine Moralnorm ist nicht schon allein deshalb allgemeingültig und vorgegeben, weil jeder ihr tatsächlich zustimmt. Wir werden noch im Einzelnen sehen (in Kapitel V), dass es für die allgemeine Zustimmung zu einer Moralnorm eine andere, viel bessere Erklärung gibt. Andererseits ist eine Moralnorm wie Norm 4 nicht auch schon deshalb *nicht* allgemeingültig und vorgegeben, weil ihr *nicht* jeder zustimmt. Mit einem gewissen Recht schreibt Spaemann, dass die Tatsache, »dass die Inhalte des natürlichen Sittengesetzes oft strittig« sind, »keinen Zweifel an seiner Geltung« rechtfertige (S. 14). Das ist richtig: Die Strittigkeit *allein* rechtfertigt tatsächlich diesen Zweifel nicht; auch in der Naturwissenschaft gibt es strittige Fragen.

Das, was jedoch durchaus Zweifel an der Existenz eines »natürlichen Sittengesetzes« rechtfertigen würde, wäre der Umstand, dass keine *Methode* ersichtlich ist, die es jedem vernünftigen Menschen zumindest im Prinzip ermöglicht, dieses »natürliche Sittengesetz« zu erkennen und bestehende Meinungsverschiedenheiten über einzelne Moralnormen, die angeblich Inhalt dieses Gesetzes sind, aufzulösen. Eine solche Methode aber ist tatsächlich nicht in Sicht. Auch Spaemann versäumt es, sie uns vorzustellen. Es genügt definitiv nicht, Beispiele wie Norm 1 zu nennen, denen jeder zustimmt. Auch unsere ästhetischen Urteile werden ja nicht schon da-

durch allgemeingültig, dass etwa dem Urteil, dementsprechend Rosen schön sind, jeder zustimmt.

Welche Argumente hat Spaemann denn gegen jemanden parat, der Norm 3 oder Norm 4 *nicht* zustimmt?
Sicher ist nicht ausgeschlossen, dass es »einen starken
Mechanismus der Verdrängung sittlicher Einsichten«
gibt (S. 15). Aber wieso verdrängt gerade derjenige sittliche Einsichten, der Norm 3 oder Norm 4 ablehnt?
Könnte es nicht ebenso gut sein, dass derjenige, der
Norm 3 oder Norm 4 vertritt, gewisse sittliche Einsichten – Einsichten etwa über den jedem Menschen zuste-
henden Freiheitsraum – verdrängt? Auf welche Weise,
mit welcher Methode können wir erkennen, wer hier
Einsichten, die angeblich jeder von uns hat oder zumindest haben könnte, einfach verdrängt?

Ist nicht vielleicht die Vermutung näherliegend, dass
Spaemann hier mit ideologischen Mitteln versucht, jedem ein »schlechtes Gewissen« zu machen, der eine
ganz bestimmte, religiös fundierte Moral nicht akzeptieren will? Für diese Vermutung spricht auch, wenn
Spaemann zur Begründung seines Bekenntnisses etwa
zur »Unauflöslichkeit der Ehe« den Hinweis gibt, dass
das »natürliche Sittengesetz« als »göttliches Gesetz
vom Sinai verkündet« wurde (S. 16).

Warum stimmen wir alle manchen Moralnormen
(wie Norm 1) auch unabhängig von unserer religiösen
Einstellung zu? Tun wir dies nicht vielleicht deshalb,
weil wir alle nicht *wollen*, dass Kinder in Gasöfen getötet werden? Und wollen wir dies nicht vielleicht deshalb nicht, weil wir zum einen mit den Kindern, selbst
wenn es nicht unsere eigenen Kinder sind, Mitleid haben und weil wir zum anderen in keiner Weise nach-

vollziehen können, wie Menschen ihrerseits ein aufgeklärtes Interesse daran haben können, Kindern dies an-
zutun? Ist eine solche Erklärung für die von uns über-
einstimmend vertretene Norm 1 nicht viel plausibler
als die Annahme eines außerhalb des Menschen existen-
tenten, der Menschheit vorgegebenen Sittengesetzes,
das einige Philosophen und Theologen uns als glaub-
haft hinstellen?

Natürlich hat wohl jeder von uns so etwas wie ein
Gewissen, in dem er jene Moralnormen gespeichert
hat, denen er seit je seine Zustimmung gibt. Das hilft
der These Spaemanns, entsprechend der es eine allgemeingültige, vorgegebene Moral gibt, jedoch nicht
weiter. Denn mein Gewissen ist ja ebenso ein Teil von
mir wie die im Rahmen dieses Gewissens von mir vertretenen Moralnormen. Und inwieweit die Normen,
die *Inhalt* meines Gewissens sind, begründet werden
können, bleibt so oder so eine offene Frage. Dabei sind
die Moralnormen, die Inhalt etwa von Spaemanns und
Inhalt von meinem Gewissen sind, offenbar zum Teil
miteinander identisch und zum Teil voneinander ver-
schieden.

Alle Moralnormen, die Inhalte des Gewissens von
Menschen sind, sind entgegen Spaemanns These durchaus *relativ*. Sie bringen die moralischen Einstellungen
der jeweiligen Individuen zum Ausdruck. Natürlich ist
etwa auch meine Behauptung, dass die Erde rund ist, als
meine Behauptung – ebenso wie meine Zustimmung zu
Norm 1 – insoweit relativ. Trotzdem besitzt diese Behauptung gleichzeitig aber auch eine absolute, von mir
losgelöste Wahrheit, weil ihr eine objektive Realität,
nämlich die runde Erde, entspricht. An einer solchen

objektiven oder außersubjektiven Realität aber fehlt es offenbar im Fall der von Menschen vertretenen Moralnormen oder moralischen Einstellungen. Es gibt in Wahrheit diese Moralnormen – anders als die Gegenstände unserer sinnlichen Wahrnehmung – nicht losgelöst von menschlichen Subjekten, sondern nur insoweit sie dem Gewissen, also den moralischen Einstellungen von Menschen Ausdruck geben.

Wie schon angedeutet: Eine typische Moralnorm wie Norm 1 oder Norm 3 bringt nicht etwas zum Ausdruck, das ihr Vertreter erkennt, sondern etwas, das er will. Daraus allein folgt jedoch noch nicht, dass sich Moralnormen prinzipiell nicht begründen lassen. Es folgt lediglich, dass sich Moralnormen nicht – ähnlich wie Aussagen über die Wirklichkeit – *objektiv* begründen lassen. Die Begründung einer Moralnorm kann aber auch darin bestehen, dass gezeigt wird, dass dieser Norm aus praktischen Erwägungen jeder rationalerweise seine Zustimmung geben muss. In diesem Fall wäre diese Norm zwar nicht von einem objektiven, wohl aber von einem intersubjektiv allgemein geteilten Standpunkt aus begründet. Ob und inwieweit eine solche Form der Moralbegründung wirklich möglich ist, werden wir in den Kapiteln V und VI im Einzelnen sehen. Entscheidend ist: Die Behauptung, dass alle Moralnormen, die überhaupt vertreten werden, in dem genannten Sinne relativ sind, bedeutet nicht, dass es prinzipiell für alle Moralnormen keinen vernünftigen Weg, keine rationale Methode geben kann, eine intersubjektiv begründete – und insoweit richtige – Lösung zu finden. Vielleicht besteht zumindest für einige Moralnormen eine solche Möglichkeit.

Spaemann irrt, wenn er die einzige Alternative zum Glauben an ein allgemeingültiges Sittengesetz in einer moralischen Einstellung erblickt, entsprechend der jeder entweder blind »immer der Moral seiner Zeit und Gesellschaft gehorchen« soll oder aber ganz nach seinem Belieben bzw. »ohne moralische Regeln« handeln kann (S. 1). Gewissen Moralnormen wie dem Tötungsverbot oder dem Verbot des Versprechensbruchs *nicht* zuzustimmen, ist, wie wir noch sehen werden, in Wahrheit für jeden Menschen ebenso irrational wie beispielsweise die Einstellung, unter keinen Umständen jemals einen Arzt aufzusuchen.

Ein weiterer Aspekt der Lehre von einem allgemeingültigen Sittengesetz verdient Beachtung. Derjenige, der an ein solches, den Menschen vorgegebenes Gesetz glaubt, neigt leicht dazu, die Kundgabe moralischer Positionen, die von der eigenen Überzeugung abweichen, einfach zu verbieten: Warum sollen Personen, die nicht dazu bereit sind, die Wahrheit des einen, allgemeingültigen Sittengesetzes anzuerkennen, ihren Mitmenschen ungehindert die falsche Moral predigen dürfen? Zum Glück ist die freie Meinungsäußerung in unserer heutigen Gesellschaft im Prinzip rechtlich gewährleistet. Wie aber sind Verstöße gegen diese Meinungsfreiheit, die trotzdem vorkommen, *moralisch* zu beurteilen?

Nachdem vor zwei Jahrzehnten in unserem Land verschiedene Veranstaltungen mit dem renommierten australischen Moralphilosophen Peter Singer von fanatischen Fundamentalisten erfolgreich gesprengt worden waren, schrieb Spaemann unter Hinweis auf Singers Position zur Bioethik (in: *Medizinische Klinik,*

1991, Nr. 11, S. 599), die Tatsache, dass man Singer »in der Bundesrepublik Deutschland mehrfach öffentlich am Reden hinderte«, sei »nicht ein Zeichen von Borniertheit und Intoleranz«, sondern »ein Zeichen geistiger Gesundheit«. Singer hatte immer wieder für Moralnormen plädiert, die zu Spaemanns »natürlichem Sittengesetz« mit seinen Normen 3 und 4 deutlich in Widerspruch stehen.

Eine derartige Einstellung zur Meinungsfreiheit wie die Spaemanns ist gewiss keine logisch zwingende Folge der von ihm vertretenen Allgemeingültigkeitsthese. Wer diese These vertritt, *kann* sie auch mit einer toleranten Einstellung kombinieren, ja sogar diese Einstellung selbst für allgemeingültig erklären. Eine solche Kombination ist jedoch psychologisch gesehen nicht sehr wahrscheinlich und in der abendländischen Geschichte auch selten Wirklichkeit geworden.

Wenn Spaemann bekennt, die »allgemeingültigen Normen des Sittengesetzes« gewännen erst verstanden als »ursprüngliche Schöpfungsordnung« und »göttliches Gesetz« jene »Weisungskraft, die sie durch theoretische Reflexion allein nie bekommen« (S. 16), so muss die Frage erlaubt sein, warum diese letztlich religiös vermittelte »Weisungskraft« in einer weltanschaulich pluralistischen Gesellschaft nicht auf die Mitstreiter Spaemanns beschränkt bleiben kann. Auch in einer Gesellschaft, in der Handlungen wie Wiederverheiratung Geschiedener, Abtreibung, Empfängnisverhütung und Gotteslästerung rechtlich wie moralisch *nicht* allgemein verboten sind, ist es doch jedem unbenommen, selber aus religiöser Überzeugung auf diese Handlungen zu verzichten.

III.
Kann Religion die Moral begründen?

Derjenige, der annimmt, dass Religion die Moral begründen kann, nimmt gewöhnlich nicht an, *dass jede* Religion die Moral begründen kann. Er bezieht seine Annahme vielmehr in der selbstverständlichsten Weise auf die von ihm selbst für richtig gehaltene, auf die *eigene* Religion. Und dass tatsächlich wohl kaum jede Religion gleicherweise die Moral begründen kann, zeigt schon ein kurzes Nachdenken: Sogar innerhalb der beiden monotheistischen Weltreligionen des Christentums und des Islams sind die Unterschiede zwischen den jeweils religiös fundierten Morallehren (man denke etwa an die Zulässigkeit der Vielehe) so erheblich, dass der für Moralnormen typische Anspruch auf universale Zustimmung zumindest für *manche* vertretenen Moralnormen gewiss nicht einlösbar ist. Noch weit bedeutsamer aber fallen die Unterschiede zwischen den Morallehren verschiedener Religionen dann aus, wenn man nicht nur monotheistische, sondern Religionen jeder Art mit einbezieht.

Derjenige, der moralische Normen und ihren Anspruch auf universale Zustimmung auf religiöser Basis begründen möchte, muss sich erstens für *eine* der konkurrierenden Religionen entscheiden und zweitens der Überzeugung sein, dass die Religion, für die er sich entscheidet, in ihrem Wahrheitsgehalt sowohl ihren religiösen Konkurrenten als auch einer irreligiösen Weltanschauung überlegen ist. Denn wie könnte man Moralnormen, die man für begründet – also jedenfalls für *besser* begründet als ihr Gegenteil – halten möchte, aus religiösen Prämissen ableiten, die man als solche *nicht* für hinreichend begründet hält?

Dementsprechend wird die religiöse Begründungsthese denn auch in unserer westlichen Gesellschaft, insoweit sie vertreten wird, regelmäßig mit der maßgeblichen Religion unserer Gesellschaft, mit dem Christentum verbunden: Da das Christentum als die einzig wahre Religion gilt, werden die Moralnormen des Christentums als die begründeten Moralnormen angesehen. Dabei wird diese Form der Moralbegründung nicht etwa nur von offiziellen Vertretern der christlichen Kirchen, sondern auch von zahlreichen sich zum christlichen Glauben bekennenden Laien, nicht selten auch von Politikern, vertreten. Lässt sich auf christlicher Basis aber wirklich die Moral begründen, und hält diese spezifisch religiöse Form der Moralbegründung der Kritik stand?

Eine christliche Morallehre kann offenbar nur dann als stichhaltig begründet gelten, wenn sich zeigen lässt, dass die christliche Religion über einen speziellen *Zugang* zu einer begründeten Moral verfügt. Worin aber könnte ein solcher Zugang liegen? Er kann offenbar nur in der Kenntnis liegen, die die christliche Religion über jene moralischen Normen (Gebote, Weisungen, Ratschläge) besitzt, die der christliche *Gott* – als der *eine, wahre* Gott – der Menschheit gegeben hat. Tatsächlich ist genau dies der methodische Weg, den die christlichen Vertreter einer religiösen Moralbegründung immer schon verfolgt haben: Es ist der Gott des Christentums, der uns Menschen mitgeteilt hat, wie wir uns zu verhalten haben. Allein auf der Basis seiner

Weisungen und Gebote sind wir in der Lage, die Normen einer allgemein verbindlichen Moral aufzustellen und zu begründen.

Ist dieser Weg einer religiösen Moralbegründung aber gangbar und erfolgversprechend? Im Folgenden möchte ich zeigen, dass diese Vorgehensweise von einer Reihe von Voraussetzungen abhängt, die sehr fragwürdiger Natur sind. Die erste Voraussetzung lautet: Es muss tatsächlich einen einzigen Gott geben, der die Welt erschaffen hat. Diese Voraussetzung ist zwar philosophisch schwer zu begründen; ich möchte sie an dieser Stelle aber nicht infrage stellen.

Die zweite Voraussetzung lautet: Dieser eine, existente Gott muss nicht nur so etwas wie das »höchste Wesen« oder der »Urgrund der Welt« sein; dieser Gott muss außerdem, christlicher Vorstellung entsprechend, in jeder Hinsicht vollkommen und das heißt insbesondere *allgütig* sein. Es ist wichtig zu sehen, dass diese Voraussetzung unverzichtbar ist. Denn welchen Grund haben wir Menschen, die Normen eines Gottes als zustimmungswürdige Moralnormen anzusehen und sie in der Praxis zu befolgen, wenn es offen bleibt, welche moralischen Qualitäten dieser Gott hat? Würden wir es für vernünftig halten, etwa auf einer Bergtour den Anweisungen eines Führers zu folgen, der sich zwar hervorragend auskennt, bei dem wir aber Zweifel haben, ob er bei seiner Führung wirklich unser Wohl und Wehe im Sinn hat oder ob wir ihm im Grunde gleichgültig sind?

Die Annahme, der entsprechend Gott allgütig ist, ist nun aber in zweifacher Hinsicht sehr problematisch. Zum einen gibt es das berühmte Theodizee-Problem:

Kann man wirklich annehmen, dass ein allmächtiger Gott, der die Welt aus dem Nichts geschaffen hat, eine Welt mit so vielen offenkundigen Übeln geschaffen hätte, wenn er allgütig wäre? Welchen Grund haben wir Menschen, einem Gott Vertrauen zu schenken und uns an die Normen eines Gottes zu halten, der eine Welt geschaffen hat, in der Naturkatastrophen aller Art und furchtbare menschliche Grausamkeiten an der Tagesordnung sind? Warum sollte ein solcher Gott ausgerechnet dann, wenn er uns Anweisungen zum Handeln gibt, unser Glück und Wohlergehen im Sinn haben? Vielleicht ist er insoweit völlig indifferent und nimmt lediglich amüsiert zur Kenntnis, wie wir, ausgehend von seinen Weisungen, etwa in eine Klimakatastrophe oder in einen Weltkrieg der Religionen geraten. Auch diesem Problem, das ich in *Die Frage nach Gott* (München ²2007) ausführlicher behandelt habe, möchte ich hier nicht weiter nachgehen.

Die Voraussetzung der Allgüte Gottes ist aber noch in einer weiteren grundlegenden Hinsicht problematisch. Versuchen wir unsere moralischen Normen und Werte ausnahmslos unter Hinweis auf göttliche Normen zu begründen, dann verliert unsere Bezeichnung Gottes als »allgütig« – also unsere moralische Bewertung Gottes – jeglichen Sinn. Der Grund ist dieser: Wenn wir eine moralische Bewertung einer Person oder ihres Verhaltens vornehmen, so können wir dies nur anhand eines moralischen Maßstabs tun, den wir bereits besitzen und den wir nicht erst dem Charakter oder dem Verhalten der Person, die wir bewerten, entnehmen! Sonst bewegen wir uns in einem Zirkel. Sollen die von Gott erlassenen Normen tatsächlich als der *einzige* Maßstab des Guten und Richtigen gelten, dann wird damit die moralische Aussage, Gott selbst sei gut und handle richtig, völlig leer und nichtssagend.

Doch ein Vertreter der religiösen Begründungsthese kann diesem Einwand unter Umständen ausweichen. Er muss die These zu diesem Zweck in einer abgeschwächten Form vertreten. Er muss zugestehen, dass es für den Menschen einen gewissen *Grundwert* gibt, der in einer Weise selbstverständlich ist, dass wir ihn durch göttliche Normen nicht zu begründen brauchen, nämlich den Grundwert eines möglichst sinnvollen, erfüllten, glücklichen Lebens. Denn vorausgesetzt, dass das richtig ist, stehen wir doch vor der Frage: Durch welches Verhalten im Einzelnen, durch die Befolgung welcher Normen kann in dieser so komplizierten Welt jeder von uns diesen Grundwert bei sich und anderen am besten verwirklichen bzw. fördern? Inwieweit insbesondere muss zu diesem Zweck jeder seinen spontanen Impulsen, seinen Antrieben und Wünschen gewisse Zügel anlegen?

Diese Frage aber kann, so der Vertreter der religiösen Begründungsthese, gewiss niemand so gut beantworten wie ein auf unser Glück bedachter Gott. Denn Gott kennt ja alle Gesetzmäßigkeiten dieser Welt und alle Bedingungen für ein glückliches Leben, da er selbst die Welt und das Leben geschaffen hat. Wenn er uns Menschen also Moralnormen für unseren Alltag an die Hand gibt, dann haben wir guten Grund zu der Annahme, dass gerade diese Moralnormen besser als alle Alternativen, die wir selbst oder die unsere Philosophen für uns ausgedacht haben, geeignet sind, eine optimale Verwirklichung des genannten Grundwertes auf Dauer zu erreichen. Gott wäre insoweit mit einem hervorragenden Arzt vergleichbar: Denn dieser gibt uns bekanntlich Anweisungen für ein *gesundes* Leben, wobei wir den entsprechenden *Wert* – den Wert eines gesunden Lebens – ebenfalls voraussetzen.

Damit komme ich zu der dritten Voraussetzung einer religiös-christlichen Moralbegründung: Zum einen muss Gott der Menschheit *überhaupt* moralische Normen (Gebote, Weisungen, Ratschläge) erteilt haben; und zum anderen müssen wir eine verlässliche *Methode* besitzen, den Inhalt dieser Normen zu ermitteln. Beide Teile dieser Voraussetzung sind nicht selbstverständlich. Wenn wir uns jedoch des zweiten Teils hinreichend sicher sein können, ist damit auch der erste Teil abgedeckt. Wie können wir uns also einen verlässlichen Zugang zu Moralnormen verschaffen, die wir als Normen Gottes identifizieren und in ihrem Inhalt erfassen können?

Die Antwort des Christentums auf diese Frage ist eindeutig: Die Normen Gottes finden sich im Alten und im Neuen Testament der Bibel. Denn die Bibel ist das »Wort Gottes«. In ihr hat Gott sich der Menschheit auf eine einmalige Weise offenbart. Dabei findet diese Offenbarung Gottes in den neutestamentlichen Zeugnissen über seinen Sohn Jesus, den Gott auf die Erde sandte, ihren Höhepunkt und Abschluss.

Wie glaubwürdig ist diese Annahme? Wir setzen, wie gesagt, voraus, dass es tatsächlich einen Gott gibt, der allgütig ist. Dann lautet die entscheidende Frage: Was spricht unter diesen Umständen dafür, die biblischen Schriften wirklich als Wort Gottes an die Menschheit und nicht bloß als das Dokument *einer* der zahlreichen religiösen Glaubensgemeinschaften zu verstehen?

Den stärkstmöglichen Beweis für den Offenbarungscharakter der Bibel bilden fraglos die Wunder, von denen in der Bibel berichtet wird, dass Jesus sie gewirkt hat. Ein Wunder stellt dabei ein Ereignis dar, das im Widerspruch zu den Naturgesetzen steht, also etwa die Verwandlung von Wasser in Wein oder die Auferweckung eines Toten. Da ein derartiges Ereignis sich auf natürliche Weise nicht erklären lässt, liegt die Annahme nahe, dass es auf übernatürliche Weise zustande gekommen ist, also – unter Voraussetzung der Existenz Gottes – durch ein Eingreifen Gottes, der sich auf diese Weise zu erkennen gibt.

Es stellt sich nun die Frage, ob die zahlreichen in der Bibel berichteten Wunder auch wirklich stattgefunden haben. Schließlich gibt es auch in anderen Religionen als dem Christentum ganz ähnliche Wunderberichte. Und es ist von vornherein recht unwahrscheinlich, dass *alle* diese Wunderberichte aus den verschiedensten Religionen Glaubwürdigkeit besitzen. Denn das würde ja bedeuten, dass Gott sich außer im Christentum auch in außerchristlichen Religionen geoffenbart hat. Diese Annahme aber ist nicht nur unvereinbar mit dem christlichen Selbstverständnis. Sie würde auch darauf hinauslaufen, dass Gott ganz unterschiedliche Religionen gleicherweise mit dem Stempel seiner Offenbarung versehen und somit legitimiert hat – Religionen, deren Glaubensinhalte einander zum Teil massiv widersprechen. Das aber wird man einem allwissenden und allgütigen Gott nicht unterstellen dürfen.

Lässt sich also zeigen, dass zwar die in der Bibel berichteten Wunder, nicht aber die in den Dokumenten anderer Religionen berichteten Wunder tatsächlich stattgefunden haben? Bedenkt man, wie lange die betreffenden Ereignisse zeitlich zurückliegen, erscheint dies mehr als schwierig. Entsprechend negativ fällt denn auch das Untersuchungsergebnis der meisten kritischen Bibelwissenschaftler aus. Man muss in diesem Zusammenhang noch bedenken: Erstens gibt es außer dem Zeugnis der christlichen Verfasser der Bibel keine weiteren Zeugnisse von (möglicherweise neutralen) Beobachtern der Wunder. Und zweitens haben sogar die Verfasser der Bibel die fraglichen Ereignisse gar nicht selbst beobachtet, sondern nur aufgrund von mündlicher Überlieferung ihrer christlichen Glaubensgemeinschaft aufgezeichnet. Die biblischen Berichte wurden, wie heute feststeht, erst etwa ein halbes Jahrhundert *nach* den Ereignissen selbst verfasst!

Aus den Wunderberichten der Bibel lässt sich demnach ihr Offenbarungscharakter und damit der göttliche Ursprung ihrer Normen kaum ableiten. Welche sonstigen Eigenschaften der biblischen Schriften kommen dann aber dafür in Betracht, dass man diese Schriften als das »Wort Gottes« begreifen könnte? Zu denken ist vor allem an Eigenschaften der folgenden Art: Die Bibel könnte erstens gewisse zu damaliger Zeit als sehr zweifelhaft erscheinende Tatsachenbehauptungen enthalten, die sich jedoch inzwischen als durchaus zutreffend erwiesen haben, und sie könnte zweitens gewisse zu damaliger Zeit als sehr ungewöhnlich erscheinende Moralnormen enthalten, die sich jedoch zum Zweck der Verwirklichung des oben (S. 35) genannten Grundwertes inzwischen sehr gut bewährt haben.

Was zunächst die zweifelhaften Tatsachenbehauptungen angeht, so sind zwar keine überliefert, die sich inzwischen wider Erwarten als wahr erwiesen haben, wohl aber zwei sehr gravierende, die sich wörtlich verstanden inzwischen als wissenschaftlich widerlegt und damit als falsch erwiesen haben. Ich meine zum einen den biblischen Schöpfungsbericht (Genesis 1,1–31), entsprechend dem Welt und Mensch etwa in der ersten Hälfte des vierten Jahrtausends vor Christus im Laufe einer Woche von Gott geschaffen wurden, und zum anderen die Voraussage (Markus 9,1), entsprechend der das Weltende mit der Wiederkunft Christi noch zu Lebzeiten der Urchristen eintreten werde.

Was aber speziell unser Thema, nämlich die biblischen Normen angeht, so ist zunächst zu bedenken: Wir können gewiss nicht eine auf den ersten Blick mangelnde Plausibilität einiger dieser Normen einfach als Argument gegen ihren göttlichen Ursprung verwenden, denn wenn wir immer schon den geeigneten Weg zur Verwirklichung unseres Grundwertes selber kennen würden, wäre jede religiöse Normenbegründung ja von vornherein überflüssig. Das bedeutet aber nicht, dass wir die angeblich göttlichen Normen der Bibel völlig kritiklos hinnehmen müssen: Wir können zum einen untersuchen, ob diese Normen miteinander übereinstimmen, also keine Widersprüche aufweisen. (Dieser Bedingung muss jede begründete Moral genügen.) Und wir können zum anderen, nachdem seit ihrer Verkündung immerhin zweitausend Jahre vergangen sind, die Frage stellen, inwieweit diese Normen sich inzwischen zur Verwirklichung des genannten Grundwertes tatsächlich bewährt haben.

Es ist unübersehbar, dass einige biblische Normen eklatante Widersprüche aufweisen, also alles andere als stimmig sind. So enthält etwa die »Bergpredigt« (Matthäus 5,44) die Aufforderung zur Feindesliebe, die Samuelbücher dagegen die Aufforderung nicht nur zur Selbstverteidigung gegen den Feind (so durchgängig), sondern sogar zum Töten von »Frauen, Kindern und Säuglingen« (1 Samuel 15,3)! Und es gibt darüber hinaus noch eine Vielzahl weiterer Bibelstellen (auch im Neuen Testament), deren Inhalt mit jener Aufforderung zur allgemeinen Nächstenliebe und Barmherzigkeit, wie sie speziell die »Bergpredigt« kennzeichnet, ganz unvereinbar ist. So heißt es, um nur *ein* Beispiel von vielen zu nennen, im 1. Korintherbrief des Paulus (16,22): »Wer den Herrn nicht liebt, sei verflucht!«.

Derartig widersprüchliche Normen, die kein vernünftiger Mensch *gleichzeitig* vertreten würde, können also kaum die moralischen Gebote eines allwissenden und allgütigen Gottes sein! Aber auch von der Aufforderung zur Feindesliebe, für sich betrachtet, oder von der viel zitierten Aufforderung zu einer umfassenden Nächstenliebe (»Liebe deinen Nächsten wie dich selbst«) lässt sich nicht behaupten, dass diese Normen sich im Lauf der Zeit wirklich bewährt haben. Nicht zuletzt auch das Verhalten christlicher Kirchenführer hat durch die Jahrhunderte immer wieder gezeigt, dass es sich hier um bloße Floskeln handelt, die sich zwar sehr gut für die Sonntagspredigt, aber sehr schlecht für den moralischen Alltag eignen. Als praktische Verhaltensregeln beim Wort genommen, überfordern sie ganz offenbar die menschliche Natur. Die Folge ist nicht

selten, dass sie im Reden zur Heuchelei, im Handeln
aber, da sie letzten Endes nicht erfüllbar sind, zur
Preisgabe jeder Moral führen.

Natürlich gibt es in der Bibel auch solche Normen,
die inhaltlich zweifellos überzeugen können. Man denke an einige der sogenannten Zehn Gebote wie das
Tötungs- oder das Lügeverbot. Diese Normen erweisen sich in der Tat, wie wir noch sehen werden, auch in
einer weltlichen bzw. säkularen Theorie der Moralbegründung als unverzichtbar. Keine umfassende Theorie
der Moralbegründung kann aber schon deshalb als ak-
zeptabel gelten, weil sie unter anderem auch zu Normen führt, die sich tatsächlich – jedoch auf eine andere
Weise – gut begründen lassen (siehe näher S. 48). Ansonsten wäre ja auch die Astrologie schon deshalb ak-
zeptabel, weil sie den Menschen bisweilen zutreffende
Ratschläge erteilt.

Zum Schluss möchte ich noch ein Argument anfüh-
ren, das mir – ganz unabhängig von allen *inhaltlichen*
Fragen – am deutlichsten gegen die religiös-christliche
Form der Moralbegründung zu sprechen scheint: Wie
kann ein allgütiger Gott, dem seine Selbstoffenbarung
der Menschheit zuliebe so wichtig ist, dass er sogar den
Kreuzestod seines Sohnes dafür in Kauf nimmt, mit dieser Selbstoffenbarung *so lange warten*? Schließlich hatte
es vor nunmehr zweitausend Jahren, als Jesus lebte und
starb, schon seit etwa vierzigtausend Jahren Menschen
(in ihrer heutigen biologischen Gestalt) gegeben! Und
warum informierte Gott, als er sich schließlich offen-
barte, nicht wenigstens *alle* menschlichen Gesellschaften gleichzeitig, damit die meisten dieser Gesellschaften
nicht noch zusätzlich Jahrhunderte warten mussten, bis

auch ihnen – im Wege der Missionierung – die göttliche Botschaft zuteil wurde? Für einen Gott, der allmächtig ist, wäre dies doch ein Leichtes gewesen.

Häufig heißt es dann, wenn es um die religiöse Abwehr von Vernunfteinwänden geht, »Gottes Wege« seien »unerforschlich«. Wie aber können wir herausfinden, ob jene Wege, die eine bestimmte Religion oder Kirche uns vorgibt, überhaupt »Gottes Wege« (und nicht bloß die Wege eines Kirchenoberen oder gar die Wege des Teufels) sind, wenn diese Wege gleichzeitig *unerforschlich* sind? Ja, ist Gott selbst nicht vielleicht die Ursache jener »Schwerhörigkeit gegenüber Gott«, die Papst Benedikt XVI. den Skeptikern gern vorwirft? Nein, die christliche Religion kann die Moral auch dann nicht begründen, wenn wir von der *Existenz* eines allgütigen Gottes ausgehen.

IV.
Was leistet die Goldene Regel?

Die sogenannte Goldene Regel besitzt für viele Menschen eine besondere Plausibilität. Nicht zufällig spielt diese Goldene Regel sowohl im Alten und Neuen Testament der Bibel als auch in einigen nichtchristlichen Religionen sowie in den Lehren mancher Moralphilosophen eine wichtige Rolle. Es gibt eine positive und eine negative Fassung der Goldenen Regel. Die positive Fassung lautet: »Wie jemand von anderen Menschen behandelt werden will, so soll auch er andere Menschen behandeln«. Die negative Fassung lautet: »Wie jemand von anderen Menschen *nicht* behandelt werden will, so soll auch er andere Menschen *nicht* behandeln«. In der positiven Fassung geht es um das *Gebot* eines bestimmten Handelns; in der negativen Fassung geht es um das *Verbot* eines bestimmten Handelns, also um das *Gebot* eines bestimmten Unterlassens.

Die negative Fassung ist die gebräuchlichere. Wohl jeder kennt ja das Sprichwort »Was du nicht willst, dass man dir tu', das füg' auch keinem andern zu«. Doch auch die positive Fassung spielt in moralischen Argumentationen nicht selten eine Rolle – zumindest implizit. Dies ist etwa dann der Fall, wenn jemand sagt: »Du solltest deinen Freund mal im Krankenhaus besuchen. Du willst doch auch, dass *er dich* im Krankheitsfall besucht«.

Anhänger der Goldenen Regel vertreten gewöhnlich beide Fassungen gleichzeitig – als einander ergänzende

Teile eines umfassend verstandenen Prinzips. Auch sind sie gewöhnlich der Überzeugung, dass die so verstandene Goldene Regel für die Moralbegründung ausreicht, das heißt, dass sich *sämtliche* überhaupt begründbaren Moralnormen als Anwendungsfälle der Goldenen Regel begreifen und darstellen lassen. Ich werde deshalb meinen folgenden Ausführungen genau dieses Verständnis der Goldenen Regel als eines sowohl umfassenden als auch ausreichenden Prinzips der Moralbegründung zugrunde legen.

Das Besondere an der Goldenen Regel ist, dass sie als solche – anders als die üblichen Moralnormen wie »Man soll nicht lügen« – inhaltlich vollkommen offen ist. Das heißt, dass sich aus der Goldenen Regel allein, für sich genommen, keine einzige inhaltliche Anweisung, kein einziges Gebot oder Verbot ableiten lässt. Trotzdem ist die Goldene Regel nicht leer in dem Sinn, dass sie für die Moral nicht eine wichtige Funktion ausüben könnte. Für jeden nämlich, der die Goldene Regel auf sich selber anwendet, folgt aus ihr durchaus eine ganz bestimmte inhaltliche Anweisung, *sofern* er sein ganz persönliches Wünschen oder Wollen – seine ganz persönlichen, wie ich im Folgenden sagen werde, *Präferenzen* – in sie einbringt. Betrachten wir das folgende Beispiel.

Norm 1: Da A nicht will, dass andere Menschen ihn bestehlen, darf auch A andere Menschen nicht bestehlen.

Allgemein gefasst, bedeutet das: Wenn ein Mensch M von anderen Menschen nicht in der Weise x behandelt werden will, dann folgt aus dieser Tatsache *und* der Goldenen Regel, also aus beiden Prämissen zusammen, dass auch M andere Menschen nicht in der Weise x behandeln darf.

Das zeigt sehr deutlich: Die Goldene Regel macht als solche keinerlei Annahmen und erhebt keinerlei Forderungen dahingehend, *welche* Präferenzen jemand, was seine Behandlung durch andere Menschen angeht, hat bzw. haben soll. Es hängt entsprechend der Goldenen Regel ausschließlich von M selbst ab, welche Präferenzen M bezüglich seiner Behandlung durch andere hat. Dabei spielt es keine Rolle, aus welchem *Grund* M genau die Präferenzen hat, die er hat.

Norm 2: Da es B gleichgültig ist, ob andere Menschen ihn bestehlen, darf auch B andere Menschen bestehlen.

Die Tatsache, dass die *meisten* Menschen von anderen Menschen *nicht* bestohlen werden wollen, ist nach der Goldenen Regel für die Frage, ob B andere Menschen bestehlen darf oder nicht, belanglos. Ebenso belanglos ist es, ob B, der insoweit gleichgültig ist, *vernünftigerweise* vielleicht *nicht* gleichgültig wäre. Nach dem Wortlaut der Goldenen Regel zählen allein die tatsächlich vorhandenen Präferenzen eines Menschen. In diesem Zusammenhang wäre es sogar denkbar, dass jemand *gar keine* Präferenzen hat, was seine Behandlung durch andere Menschen angeht; in diesem Fall würde sich für ihn aus der Goldenen Regel kein einziges moralisches Gebot ergeben.

Nach alledem stellt die Goldene Regel ein rein *for-*

males Prinzip der Moralbegründung dar, also ein Prinzip oder eine Norm höherer Stufe, die das *Verfahren* zum Zweck der Erzeugung oder Ermittlung der eigentlichen, materialen Moralnormen für die betreffende Person festlegt. Nur *zusammen* mit der weiteren Prämisse der Präferenz einer bestimmten Person hat die Goldene Regel eine inhaltlich bestimmte Moralnorm für *diese* Person zur Konsequenz.

Wie uns die beiden Normen 1 und 2 gezeigt haben, kann die Anwendung der Goldenen Regel für verschiedene Individuen zu durchaus unterschiedlichen, ja gegensätzlichen Ergebnissen führen: A soll andere Menschen nicht bestehlen, B dagegen darf andere Menschen bestehlen. Diese Tatsache ist nun zwar vereinbar mit der Kennzeichnung der Goldenen Regel als einer echten Moralnorm (vgl. oben S. 13f.). Denn die Goldene Regel als solche nimmt ja tatsächlich keinen Bezug auf Eigennamen, sondern nur auf die Präferenzen ihres jeweiligen Adressaten: Individuen mit derselben Präferenz unterliegen auch derselben Norm. Trotzdem ist das Resultat, entsprechend dem es bloß von den faktischen Präferenzen der jeweiligen Menschen abhängt, ob er stehlen darf oder nicht, auf den ersten Blick nicht unbedingt plausibel.

Man könnte nun vielleicht argumentieren, eine Person mit der Präferenz des B in Norm 2 würde es in der Realität kaum geben. Insofern sei das Beispiel ohne große praktische Relevanz. Wie steht es aber mit dem folgenden Beispiel, in dem die Anwendung der Goldenen Regel zu Konsequenzen führt, die in noch weit höherem Maß unseren gängigen Moralvorstellungen widersprechen?

Norm 3: Da C selbst dann, wenn er in Not ist, aus
Stolz nicht will, dass andere Menschen ihm
helfen, darf auch er anderen Menschen, wenn
sie in Not sind, nicht helfen.

Dieses ist nun tatsächlich ein Ergebnis, das uns absurd
erscheint. Denn C wird in diesem Fall ja nicht nur –
wie B in dem Fall zuvor – etwas erlaubt, das wir spontan moralisch missbilligen, sondern es wird ihm etwas
verboten, das wir nicht nur für moralisch erlaubt, sondern sogar für moralisch geboten halten. Auch ohne
bereits ein stichhaltiges Konzept der Moralbegründung zu besitzen, darf man sagen: Es kann einfach
kein moralisches *Verbot* für einen Menschen geben, in
einem typischen Notfall anderen Menschen zu helfen.

Norm 4: Da D von Damen in einer bestimmten Weise
gequält werden möchte, darf (ja soll) auch er
Damen in dieser Weise quälen.

Offenbar sind sowohl die Geschmäcker der Menschen
als auch ihre Vorstellungen von Sitte und Anstand
nicht immer die gleichen. Dort, wo sie es aber nicht
sind, da erscheint es moralisch kaum angebracht, andere Menschen genauso zu behandeln, wie man selbst
gern von ihnen behandelt werden möchte. Auch insoweit scheint die Goldene Regel zu versagen. Es ist
leicht, sich noch weitere Beispiele von der Art
»Norm 3« sowie »Norm 4« auszudenken.

Trotz alledem: Die Goldene Regel führt ganz offenbar in sehr vielen Fällen, die dem Fall von Norm 1 ent-
sprechen, zu genau den Ergebnissen, die uns plausibel

erscheinen. Der Grund hierfür dürfte folgender sein:
Die Moral, wie wir sie verstehen, scheint es jedenfalls
dem Individuum zu verbieten, sich im Zusammenleben
mit seinen Mitmenschen etwas wie eine *Sonderstellung*
anzumaßen. Eine solche Sonderstellung maße ich mir
aber offensichtlich dann an, wenn ich nicht bereit bin,
jene Ansprüche, die ich an andere Menschen stelle, zu
verallgemeinern und auch an mich selbst zu stellen. In
der Forderung nach genau dieser Bereitschaft scheint
das Prinzip der Goldenen Regel zu bestehen.

Allein die Tatsache, dass die Goldene Regel in vielen
Fällen zu offenbar plausiblen Ergebnissen führt, ist jedoch noch kein ausreichender Grund dafür, in ihr das
oberste Prinzip jeder gelungenen Moralbegründung zu
erblicken. Denn es gibt, wie wir sahen, ja auch Fälle, in
denen die Goldene Regel offenbar versagt. Die eigentlich ausschlaggebende Frage gegenüber der Goldenen
Regel haben wir dabei noch gar nicht behandelt. Sie
lautet: Welchen rationalen Grund gibt es denn überhaupt für uns, gerade die Goldene Regel als oberstes
Kriterium aller unserer moralischen Urteile und Einstellungen zu akzeptieren?

Diese Frage würde sich – und das ist wichtig – selbst
dann stellen, wenn uns *sämtliche* Anwendungsergeb-
nisse der Goldenen Regel durchaus plausibel erschie-
nen. Denn dass jemand den Schlussfolgerungen eines
Argumentes zustimmt, gibt ihm generell noch keinen
ausreichenden Grund dafür, auch den Prämissen dieses
Argumentes zuzustimmen. Das bedeutet beispielsweise: Auch wenn die sogenannten Zehn Gebote genau
jene Moralnormen enthalten würden, die wir für
wohlbegründet halten, so müssten wir nicht deshalb

schon das oberste Prinzip und Kriterium jeder Moralbegründung in einem göttlichen Gebot sehen. Dass im
Ergebnis eine inhaltliche Übereinstimmung zwischen
einer rational begründeten Moral und einer gewissen
Moral x besteht, bedeutet nicht unbedingt, dass Moral
x sich einer rationalen Begründung verdankt.

Worin also könnte für uns der rationale Grund liegen, die Goldene Regel als solche zu akzeptieren? Vielleicht wird der eine oder andere Anhänger der Goldenen Regel behaupten, sie sei schlichtweg selbstverständlich. Derjenige, der sich die Regel deutlich genug
vor Augen führe und sie sorgfältig analysiere, *müsse*
ihr einfach zustimmen. Die Goldene Regel sei insoweit
etwa vergleichbar mit dem Prinzip der Induktion (also
dem Schluss aus mehreren Einzelfällen auf eine Ge-
setzmäßigkeit) im Bereich unserer *theoretischen* Erkenntnis. So wie wir ohne das Prinzip der Induktion
nicht wissen können, dass auch morgen die Sonne wieder aufgehen wird, so könnten wir ohne die Goldene
Regel nicht wissen, dass wir nicht nach Belieben etwa
stehlen oder lügen dürfen. Unakzeptabel erscheinende
Resultate der Goldenen Regel in gewissen Fällen (wie
den oben genannten Fällen) beruhten darauf, dass die
Goldene Regel hier nicht ihrem eigentlichen Sinn entsprechend verstanden werde.

Dieser Legitimationsversuch der Goldenen Regel ist
jedoch, wie ich nun zeigen möchte, auch abgesehen
von gewissen Fällen definitiv unzutreffend. Es ist nämlich entgegen dem Anschein keineswegs der Fall, dass
die Goldene Regel, so wie sie formuliert ist, als die
selbstverständliche Basis unserer moralischen Stan-
dardurteile gelten kann. Betrachten wir Norm 1, wo-

nach A nicht stehlen darf, da er selbst nicht bestohlen werden will. Auf den ersten Blick erscheint es so, als ob jedenfalls in einem Fall wie diesem die Goldene Regel zweifellos zu dem einzig richtigen Ergebnis führt. In Wahrheit tut sie dies aber nur dann, wenn außer den Kriterien der Goldenen Regel noch gewisse *zusätzliche*, von der Goldenen Regel ganz ungenannt bleibende Voraussetzungen erfüllt sind. Diese Voraussetzungen werden zwar in den meisten Anwendungsfällen der Goldenen Regel in der Realität erfüllt sein. Trotzdem hängt dies von den folgenden empirischen Bedingungen ab, die keineswegs unter allen Umständen notwendigerweise vorliegen.

1. A will von anderen nicht bestohlen werden. Dann darf er, gemäß Norm 1, auch seinerseits nicht stehlen. Wir wollen nun aber Folgendes annehmen: A hat zum einen so viel Macht und Ansehen, dass er Güter, die ihm gestohlen werden, fast ausnahmslos nach kurzer Zeit zurückbekommt. Und A ist zum anderen so raffiniert und geschickt, dass er relativ leicht andere Menschen immer wieder erfolgreich bestehlen kann. Unter diesen Voraussetzungen sind offensichtlich für A die mit dem Diebstahlsverbot verbundenen Vorteile die damit ebenfalls verbundenen Nachteile nicht wert. Das bedeutet: Ein generelles Verbot des Diebstahls besitzt zwar für A – wie für jeden Menschen – nach wie vor sowohl Vorteile als auch Nachteile. Aber für A sind – anders als für die allermeisten Menschen – die Nachteile größer als die Vorteile. Wenn dies aber zutrifft, wie kann es für A dann *selbstverständlich*, ja auch nur diskutabel sein, der Goldenen Regel mit ihrem Resultat, dass er nicht stehlen darf, seine Zustimmung zu geben?

Freilich wird in der Realität wohl kaum jemand, in Bezug auf das Verbot des Diebstahls, tatsächlich die Präferenzen von A haben. Man kann sich jedoch leicht Handlungsweisen ausdenken, bei denen dies anders aussieht. Angenommen, E besitzt das einzige Schuhgeschäft in der Kleinstadt x. Er erfährt, dass K ein zweites Schuhgeschäft in x eröffnen und ihm damit Konkurrenz machen möchte. Natürlich hat E nun die Präferenz, dass K dies *nicht* tut. Gleichzeitig plant E jedoch, selber zu expandieren und ein zusätzliches Schuhgeschäft in der Kleinstadt y zu eröffnen, wo es bislang ebenfalls nur *ein* Schuhgeschäft (des S) gibt. Unter diesen Umständen führt die Goldene Regel zu folgender Norm.

Norm 5: Wenn E nicht will, dass andere Menschen ihm Konkurrenz machen, darf auch E anderen Menschen nicht Konkurrenz machen.

Wir wollen nun aber annehmen, dass E ein so kluger und erfolgreicher Geschäftsmann ist, dass er einerseits als Folge seines geplanten Geschäfts in y erhebliche Gewinne, andererseits als Folge des von K geplanten Geschäfts in x nur geringfügige Verluste erwartet. Natürlich hat E auch unter diesen Umständen noch durchaus den Wunsch, dass K seinen Geschäftsplan in x aufgibt. Insofern findet die Goldene Regel auf seinen Fall durchaus noch Anwendung. Aber F hat wohl kaum einen hinreichenden Grund, der Goldenen Regel Folge zu leisten und seinen eigenen Geschäftsplan in y aufzugeben. Denn alles in allem, also insgesamt gesehen, hat für E in diesem Fall ja ein freier Wettbewerb

gegenüber einem generellen Wettbewerbsverbot den
Vorzug. Auch eine *allgemeine* Befolgung der Goldenen Regel würde E also unter diesen Umständen mehr
schaden als nützen.

Anders als A im Fall des Diebstahls steht E im Fall
des Wettbewerbs ganz sicher mit seinen Präferenzen
nicht allein da. Er dürfte sogar die Mehrheit der Menschen auf seiner Seite haben. Warum aber sollten er
und andere Gleichgesinnte sich dann trotz allem dazu
verpflichtet fühlen, der Goldenen Regel Folge zu leisten? Dies ist auf keine Weise erkennbar. Die Goldene
Regel ist also in Wahrheit alles andere als selbstverständlich.

2. Doch noch in einer weiteren wichtigen Hinsicht
ist die Goldene Regel sehr fragwürdig. Wir dürfen in
unserem letzten Beispiel sicher annehmen, dass es außer E und anderen Gleichgesinnten immerhin *auch* Individuen in einer ähnlichen Lage wie E gibt, die ihre
Situation anders als E beurteilen. Zu diesen Individuen
gehört, so nehmen wir an, F. F ist anders als E der
Überzeugung, dass er auch *insgesamt gesehen* besser
dasteht, wenn unter den gegebenen Bedingungen generell *keine* Konkurrenz stattfindet. F ist also gern bereit,
anderen keine Konkurrenz zu machen, wenn auch andere ihm keine Konkurrenz machen. Hat nun nicht
wenigstens F – anders als E – einen guten Grund dafür,
Norm 5 entsprechend die Goldene Regel zu befolgen?

Spontan könnte man geneigt sein, diese Frage zu be-
jahen. Denn die Situation scheint ja genau die gleiche
zu sein wie im Fall von Norm 1, in dem A nicht will,
dass andere Menschen ihn bestehlen, und A deshalb
auch andere Menschen nicht bestehlen darf. Dieser

Anschein trügt jedoch! Denn im Fall von Norm 1 ist nämlich, wie die Dinge liegen, in der Gesellschaft bereits ein entsprechendes allgemeines Verbot (des Diebstahls) in Geltung; im Fall von Norm 5 aber ist in der Gesellschaft *nicht* bereits ein entsprechendes allgemeines Verbot (des Konkurrierens) in Geltung.

Ich frage: Hat jemand wirklich auch in jenen Fällen guten Grund, der Goldenen Regel Folge zu leisten, in denen er nicht davon ausgehen kann, dass sich auch seine Mitmenschen entsprechend verhalten? Mit anderen Worten: Warum soll A selbst dann nicht stehlen, wenn seine Mitmenschen permanent stehlen? Und warum soll F auch dann anderen keine Konkurrenz machen, wenn andere ihm permanent Konkurrenz machen?

Es ist nicht ersichtlich, wie man auf diese Fragen auf der Basis der Goldenen Regel eine überzeugende Antwort geben kann. Auch in diesem Punkt fordert die Goldene Regel als solche offenbar ein Verhalten, dessen Rationalität jedenfalls in hohem Maße zweifelhaft erscheint. Auch insoweit lässt sich das Prinzip der Goldenen Regel also gewiss nicht als selbstverständlich bezeichnen.

Nach alledem verdient die Goldene Regel – in ihrer negativen Fassung – allenfalls unter der Voraussetzung Zustimmung, dass nicht nur die erste der drei folgenden Bedingungen (die allein in der Goldenen Regel ausdrücklich genannt ist!) erfüllt ist, sondern dass diese *drei* Bedingungen alle gleichzeitig erfüllt sind: 1. Jemand will nicht Opfer einer bestimmten Handlung anderer werden. 2. Die Tatsache, nicht Opfer der Handlung anderer zu werden, ist ihm wichtiger, als selber die Handlung anderen gegenüber auszuführen. 3. Die

Wahrscheinlichkeit, Opfer der Handlung anderer zu werden, ist als Folge eines bereits geltenden generellen Verbotes der Handlung erheblich verringert.

Doch selbst eine derart modifizierte bzw. angereicherte Goldene Regel macht eine *allgemeine* Zustimmung zu der für den Einzelnen begründeten Moralnorm noch nicht ohne weiteres wahrscheinlich. Es bleibt dabei, dass eine Moralnorm, wie oben (S. 46) ausgeführt, immer nur für denjenigen als begründet gelten kann, der seine persönliche Präferenz als Ausgangspunkt für die Anwendung der Goldenen Regel genommen hat. Personen, die konträre Präferenzen haben und diese Präferenzen der Goldenen Regel zugrunde legen, werden notwendig, wie die Normen 2–4 gezeigt haben, auch bei konträren Moralnormen landen. Eine *intersubjektive*, für alle Menschen gleicherweise gültige Begründung von Moralnormen ist deshalb von der Goldenen Regel allenfalls in einem begrenzten Umfang zu erwarten.

V.

Kann die Moral unseren Interessen dienen?

Das Ergebnis meiner bisherigen Argumentation lautet:
1. Es gibt keine Moralnormen, die dadurch begründet
sind, dass sie den Menschen vorgegeben und ihrer Erkenntnis zugänglich sind. 2. Die Religion – bezogen
auf die christliche Religion unserer abendländischen
Gesellschaft – kann die Moral nicht begründen. 3. Die
Goldene Regel – als Prototyp eines formalen Begrün-
dungsprinzips – ist auch in einer modifizierten Fassung unbefriedigend, weil sie es völlig offen lässt, ob
die ihr zufolge für ein bestimmtes Individuum begründete Moralnorm auch für andere oder gar für alle Individuen begründet ist.

Welche Folgerung ist aus alledem zu ziehen? Muss
die Folgerung etwa lauten, dass der Versuch einer Moralbegründung als gescheitert zu gelten hat und dass es
eine Sache der Willkür oder des Zufalls ist, welchen
Moralnormen man seine Zustimmung gibt? Nein, diese Folgerung ist nicht zwingend. Richtig ist zwar, dass
der Versuch einer *objektiven* Moralbegründung als gescheitert gelten muss. Führen wir uns aber genau vor
Augen, was im Bereich der Moral eigentlich zur Begründung ansteht, so können wir sehen, dass auch
noch eine andere, nämlich eine nicht-objektive Form
der Moralbegründung in Betracht kommt.

Worum geht es uns, wenn wir die Frage stellen, ob
es eine begründete Moral gibt? Wir möchten doch offenbar wissen, ob es irgendwelche Normen oder Regeln des Verhaltens gibt, denen jeder Mensch vernünf-

tigerweise zustimmt, das heißt deren Befolgung in der Lebenspraxis jeder Mensch vernünftigerweise sowohl von seinen Mitmenschen als auch von sich selber fordert. Es geht also um die *Zustimmung* der Menschen zu bestimmten *Anforderungen* an ihr Verhalten, und zwar um die Frage, unter welchen Voraussetzungen ein bestimmtes Verhalten für sie als vernünftig oder rational gelten kann.

Generell ist zu sagen: Ein Verhalten kann für ein Individuum dann als rational qualifiziert werden, wenn es einem *Interesse* dieses Individuums dient. Ein einfaches Beispiel: Wenn ich ein Interesse daran habe, am Wochenende ins Theater zu gehen, dann ist es rational oder vernünftig für mich, mir rechtzeitig eine Eintrittskarte zu besorgen. Allerdings – das sollte an dieser Stelle schon betont werden und im Folgenden stets gegenwärtig bleiben – ist eine Handlung nur dann rational für ein Individuum, wenn die Handlung einem *aufgeklärten* Interesse dieses Individuums dient. Jedes beliebige Interesse, jeder beliebige Wunsch, den jemand hat, reicht nicht aus, um eine der Verwirklichung dieses Interesses oder Wunsches dienende Handlung zu einer rationalen Handlung zu machen. Wer etwa den Wunsch hat, nach einer durchzechten Nacht mit dem eigenen Auto nach Hause zu fahren, und dies auch tut, handelt ganz gewiss *nicht* rational, da er an der Verwirklichung dieses Wunsches aus naheliegenden Gründen kein aufgeklärtes oder wirkliches Interesse haben kann.

Es würde zu weit führen, hier im Detail zu erläutern, welche Bedingungen erfüllt sein müssen, damit ein Interesse als »aufgeklärtes« Interesse qualifiziert werden kann. Unverzichtbar ist jedenfalls, dass der Betreffende bei seiner Wunschbildung zum einen *urteilsfähig* und zum anderen über alle für ihn relevanten *Aspekte* des Wunsches, insbesondere über die Folgen der Verwirklichung des Wunsches, so gut wie möglich *informiert* ist. Sind diese Bedingungen erfüllt, spricht normalerweise alles dafür, dass es rational für jemanden ist, seine Wünsche oder Interessen auch zu verwirklichen, also genau das zu tun, was ihrer Verwirklichung dient.

Ich möchte im Folgenden für die These argumentieren, dass sich die Moral auf überzeugende Weise dadurch begründen lässt, dass gezeigt wird, dass die Moral Interessen dient, die so elementar sind, dass sie so gut wie jeder Mensch besitzt. Damit meine ich natürlich nicht, dass jede beliebige Moral, die irgendwo in Geltung ist, sich so begründen lässt. Was ich meine, ist dies: Es gibt jedenfalls *einige Moralnormen* – ganz unabhängig davon, ob und in welcher Gesellschaft diese Normen tatsächlich in Geltung sind –, die auf der Basis von Interessen, die uns allen gemeinsam sind, begründet werden können. Wenn diese Behauptung zutrifft, dann wäre damit erwiesen, dass die Moral – obschon den Menschen nicht vorgegeben, sondern von ihnen erfunden und in Geltung gesetzt – gleichwohl inhaltlich so geprägt sein kann, dass sie in unser aller Interesse liegt und damit so wenig beliebig ist, wie etwa das Haus oder das Rad beliebig sind als Erfindungen des Menschen.

Wie kann die betreffende Begründung aussehen? Diese Begründung knüpft unmittelbar an das an, was ich oben zu dem Thema gesagt habe, unter welchen

Voraussetzungen irgendein Verhalten als rational bezeichnet werden kann: Dies ist dann der Fall, wenn das Verhalten dem *Interesse* des Betreffenden dient. Ein Verhalten in diesem Sinn aber stellt auch die Zustimmung zu einer Norm dar.

Betrachten wir die Norm »Man darf Norbert Hoerster keine Verletzung zufügen«. Diese Norm dient, sofern sie Beachtung findet, offenbar meinem Interesse. Also ist es rational für mich, dieser Norm meine Zustimmung zu geben, das heißt sie meinen Mitmenschen gegenüber zu vertreten und mich dafür einzusetzen, dass sie möglichst weitgehend akzeptiert und befolgt wird. Diese Norm ist jedenfalls von *meinem* subjektiven Standpunkt aus gesehen begründet.

Leider muss ich aber feststellen, dass meine Mitmenschen gar nicht bereit sind, speziell diese Norm auch ihrerseits zu vertreten sowie für sich zu akzeptieren und zu befolgen. Denn diese Norm, die *meinem* Interesse dient, dient deshalb ja nicht auch *ihrem* Interesse! Selbst für den Fall, dass einige meiner Mitmenschen ein gewisses Mitgefühl mit meiner Person haben, darf man nicht übersehen, dass die Norm jedem meiner Mitmenschen vor allem eine erhebliche Freiheitsbeschränkung auferlegt. Die Norm verbietet nämlich jedem von ihnen, mir zu irgendeinem Zweck, den er möglicherweise hat, irgendeine Verletzung zuzufügen. Kurzum, die Norm hat, obschon *ich* ein starkes Interesse an ihr habe, realistisch betrachtet keine Chance auf eine allgemeine oder auch nur verbreitete Zustimmung, da sie offenbar so, wie sie lautet, nicht im Interesse meiner Mitmenschen liegt.

Dies sieht jedoch ganz anders aus, wenn die Norm

so formuliert wird, dass nicht nur Norbert Hoerster, sondern dass *jeder* von ihr profitiert. Dies aber ist der Fall, wenn die Norm wie folgt lautet:

Norm 1: Man darf einem anderen Menschen keine
Verletzung zufügen.

In diesem Fall einer echten Moralnorm (vgl. oben S. 13) wird jeder nicht nur – als potentieller Täter – von einer bestimmten Handlung abgehalten, sondern ebenso – als potentielles Opfer – vor der entsprechenden Handlung anderer geschützt. Zwar hat auch diese Norm für jeden, der ihr zustimmt, ihre Nachteile: Der Zustimmende hat nicht mehr die Freiheit, einen anderen zu verletzen. Doch – und dies ist der entscheidende Punkt – die Vorteile, die diese Moralnorm ebenfalls für jeden hat, der ihr zustimmt, überwiegen ganz offensichtlich die Nachteile. Dies gilt jedenfalls mit Sicherheit auf längere Sicht. Mit anderen Worten: Dass diese Norm unter den Menschen Geltung besitzt bzw. erlangt, liegt in jedermanns Interesse.

Das aber bedeutet: Die Zustimmung zu dieser Moralnorm – oder vereinfacht gesagt: diese Moralnorm selbst – ist für jedermann subjektiv begründet und insofern *intersubjektiv* begründet. Jeder Einzelne hat einen ausreichenden rationalen Grund, der sozialen Geltung dieser Norm zuzustimmen. Zwar können wir die Norm nicht als objektiv existent erkennen; eine normative Erkenntnis gibt es nicht. Wohl aber können wir im Prinzip auf empirischem Weg erkennen, dass die Norm unser aller Interesse dient. Und genau damit ist die Norm für uns alle ebenso gut begründet, wie irgendetwas im Bereich unseres praktischen Handelns begründet sein kann.

Oft wird behauptet, eine Moralbegründung auf dem Weg über menschliche Interessen sei schon deshalb nicht möglich, weil die Menschen in Wahrheit ganz unterschiedliche Interessen hätten. Diese Behauptung ist in dieser pauschalen Form ganz zweifellos nicht richtig. Richtig ist vielmehr: Die Menschen haben *sowohl* unterschiedliche *als auch* gleichgerichtete Interessen.

Natürlich haben die Menschen zum Beispiel ein Interesse an sehr unterschiedlichen Berufen, Freizeitaktivitäten oder Lebenspartnern. Zum Glück für uns alle möchte ja nicht jeder Mann die Karriere eines Außenministers machen und nicht jede Frau einen Lebensabschnitt an der Seite eines Sport-Stars verbringen. Das schließt aber keineswegs aus, dass es trotzdem *gewisse* Interessen gibt, die wir alle gleicherweise haben. Eines dieser Interessen besteht, wie gesagt, im Interesse, nicht verletzt zu werden.

Es ist wichtig zu sehen, dass wir auch in dieser Hinsicht nicht alle ein *identisches* Interesse haben. Dieses wäre dann der Fall, wenn jeder von uns ein Interesse und zwar ein gleich starkes Interesse daran hätte, dass jeder Mensch nicht verletzt wird und dass dementsprechend auch niemand einen anderen Menschen verletzt. Unter dieser Voraussetzung wäre es für jeden *ohne weiteres* rational, niemanden zu verletzen; eine *Moralnorm*, die das Verletzen von Menschen verbietet, wäre überflüssig! Tatsächlich haben wir alle in dieser Hinsicht aber kein identisches, sondern nur ein gleichgerichtetes Interesse: Unser aller Interesse richtet sich zwar gegen das Verletzen von Menschen – aber gegen das Verletzen unterschiedlicher Individuen. A's Interesse richtet sich (jedenfalls primär) gegen das Verletzen von A, B's Interesse gegen das Verletzen von B und so fort.

Die Gleichgerichtetheit dieser Interessen der verschiedensten Individuen macht es möglich, sie alle, obschon sie nicht identisch sind, doch unter einen Hut zu bringen – unter den Hut nämlich einer einzigen Moralnorm, die schlechthin jede Verletzung eines anderen Menschen verbietet und damit jedem Menschen *sowohl* das entsprechende Verbot auferlegt *als auch* den entsprechenden Schutz gewährt. Und weil für jeden der Vorteil des Schutzes stärker wiegt als der Nachteil des Verbots, ist die Moralnorm in ihrer Gesamtwirkung für jeden und damit intersubjektiv begründet.

Gleichgerichtete Interessen können verschiedene Menschen aber sogar in einer Hinsicht haben, in der sie, vordergründig betrachtet, ganz unterschiedliche Interessen haben. Nehmen wir an, A will morgen Nachmittag ins Kino gehen und B will morgen Nachmittag Tennis spielen. Dann können A und B ihr jeweiliges Interesse, obschon es unterschiedlich ist, gleichwohl beide nicht verwirklichen, ohne dass sie morgen Nachmittag zum einen noch leben und zum anderen die nötige Bewegungsfreiheit besitzen, um ihr jeweiliges Ziel aufsuchen zu können. Nun hat jemand im Normalfall aber ein (mittelbares) Interesse auch an etwas, das eine notwendige und geeignete Bedingung zur Verwirklichung eines anderen (unmittelbaren) Interesses von ihm ist. A und B haben deshalb, was die Gestaltung des morgigen Nachmittags angeht, zwar unterschiedliche unmittelbare Interessen, gleichzeitig aber gleichgerichtete mittelbare Interessen – Interessen an ihrem Überleben sowie an ihrer Bewegungsfreiheit. Also haben sie auch ein Interesse an den folgenden beiden Moralnormen:

Norm 2: Man darf einen anderen Menschen nicht töten.
Norm 3: Man darf einem anderen Menschen gegenüber keinen Zwang ausüben.

Natürlich haben A und B normalerweise auch noch ein ganz *unmittelbares* Interesse an ihrem Überleben und an ihrer Bewegungsfreiheit. Beide Typen von Interesse machen damit deutlich, wie oberflächlich und falsch die These ist, dass die Menschen *in jeder Hinsicht* unterschiedliche Interessen oder auch unterschiedliche Vorstellungen von einem glücklichen Leben haben.

Ich möchte den Leser nunmehr ausdrücklich auffordern, sich selbst Gedanken darüber zu machen, welche wichtigen Moralnormen sich außer den drei bisher genannten möglicherweise noch nach demselben Muster als intersubjektiv begründet erweisen lassen. Mir scheint, dass die folgenden Moralnormen jedenfalls heiße Kandidaten sein müssen.

Norm 4: Man darf einen anderen Menschen nicht bestehlen.
Norm 5: Man darf einem anderen Menschen gegenüber nicht ein Versprechen oder einen Ver-
trag brechen.

Norm 6: Man darf einen anderen Menschen nicht belügen oder betrügen.
Norm 7: Man muss einem anderen Menschen in Not,
soweit zumutbar, helfen.

Ich behaupte, dass auch bei den Normen 2–7 – genauso wie bei Norm 1 – die Vorteile der Norm deren
Nachteile für praktisch jedermann klar überwiegen;
dies möge jeder Leser selbst überprüfen. Es ist kein
Zufall, dass gerade die sieben obigen Moralnormen in
jeder Gesellschaft eine wichtige Rolle spielen. An dieser Stelle sei noch einmal auf den folgenden Aspekt eines interessenfundierten Begründungsansatzes deutlich
hingewiesen. Worin liegt die Voraussetzung dafür, dass
man sagen kann, dass der Vorteil einer Moralnorm wie
Norm 4 den Nachteil dieser Norm für den einzelnen
Menschen überwiegt? Offenbar reicht es für diese
Aussage nicht schon aus, dass jemand, der sich ähnliche Gedanken macht wie ich, Norm 4 formuliert und
als begründet hinstellt. Aus dieser Tatsache allein er-
wächst dem einzelnen Individuum (auch mir selber) ja
noch kein Vorteil und auch kein Nachteil.
  Irgendeine Wirkung zeigt Norm 4 vielmehr frühes-
tens dann, wenn wenigstens einige Menschen Norm 4
tatsächlich (gleichgültig, aus welchen Gründen) zustimmen, das heißt, dass sie sich in ihrer Lebenspraxis
zu der Norm bekennen, die Norm also ihren Mitmenschen gegenüber vertreten und sie selber befolgen.
Norm 4 bringt dem A ja erst dann einen Nachteil,
wenn A sich durch die Norm in seinem Verhalten einschränken lässt. Und sie bringt dem A erst dann einen
Vorteil, wenn andere sich durch sie in ihrem Verhalten

einschränken lassen. Dass dieser Vorteil für A aber nennenswert zu Buche schlägt, setzt voraus, dass nicht nur einige wenige Individuen in A's Gesellschaft der Norm zustimmen, sondern dass jedenfalls die Mehrheit seiner Mitmenschen der Norm zustimmt. Denn A profitiert nur wenig von der Einhaltung der Norm, solange die meisten seiner Mitmenschen sich an das Verbot der Norm nicht gebunden fühlen, solange die Norm also keine soziale Geltung hat.

Warum aber sollte A seinerseits auf jeden Diebstahl verzichten, wenn die meisten Mitglieder seiner Gesellschaft ungehemmt stehlen und auch er immer wieder Opfer von Diebstählen wird? Dies ist kaum einzusehen (vgl. schon oben S. 53).

Ja, es muss die Frage erlaubt sein: Warum sollte A seinerseits auf jeden Diebstahl verzichten, wenn das Verbot des Diebstahls in seiner Gesellschaft durchaus allgemeine Geltung hat? Warum soll A nicht einfach die Vorteile des Verbots für sich nutzen, sich vor den Nachteilen jedoch drücken, also seinerseits bedenkenlos stehlen? Diese Frage ist nicht ohne weiteres so einfach zu beantworten; sie wird uns in Kapitel VII noch ausführlich beschäftigen. Eines kann jedoch schon hier gesagt werden: Würden außer A auch alle anderen sich so verhalten und bedenkenlos stehlen, würde natürlich auch A und jeder andere sämtliche Vorteile des Verbots wieder verlieren. Daran aber kann offenbar niemand interessiert sein. Also muss jeder zumindest dafür Sorge tragen, dass das Verbot jeweils von den anderen möglichst weitgehend befolgt wird. Dies aber wird in der sozialen Wirklichkeit dadurch erreicht, dass ein individueller Verstoß gegen das Verbot von verschiedenen Sanktionen begleitet ist und dass jedem damit sowohl eine moralische *Pflicht*, nicht zu stehlen, als auch ein moralisches *Recht*, nicht bestohlen zu werden, zugesprochen wird.

Die Sanktionen, welche die Verletzung einer sozial geltenden Moralnorm auslöst, sind zum einen äußerer Natur und bestehen aus Tadel und Verachtung seitens der Mitmenschen. Und sie sind zum anderen innerer Natur und bestehen aus Gefühlen der Reue und aus Gewissensbissen, die sich bei demjenigen einstellen, der die Norm verletzt hat. Allerdings stellen sich diese Gefühle nur dann ein, wenn der Betreffende die Norm als ihr Adressat bereits akzeptiert, also in sein Gewissen aufgenommen hat. Diese Normakzeptanz ist in der Regel die Folge einer bereits in der Kindheit einsetzenden Erziehung und Sozialisation.

Die äußeren Sanktionen treffen dabei gewöhnlich auch denjenigen, der die betreffende Norm für sich *nicht* akzeptiert. Doch auch derjenige, der die Norm für sich nicht akzeptiert, ist, wie gesagt, natürlich daran interessiert, dass zumindest jeder andere die Norm befolgt. Vernünftigerweise wird er sich deshalb sowohl an der entsprechenden Sozialisation seiner Mitmenschen als auch an den Sanktionierungen ihrer Normverstöße beteiligen.

Außerdem ist zu bedenken: Nicht wenige intersubjektiv begründete Moralnormen sind in den Gesellschaften, in denen sie gelten, begleitet von gleichlautenden Rechtsnormen. So sind beispielsweise Körperverletzung, Tötung, Ausübung von Zwang sowie Diebstahl in den meisten Gesellschaften ebenfalls Rechtsverstöße, die mit mehr oder weniger massiven strafrechtlichen Sanktionen wie Freiheitsentzug oder Geldstrafe geahndet werden. Recht und Moral ergänzen einander insoweit im Dienst an den elementaren menschlichen Interessen.

Beachten sollte man noch die Tatsache, dass auch intersubjektiv begründete Moralnormen stets nur *prima facie* (also auf den ersten Blick) Zustimmung verdienen. Das bedeutet: Es sind stets Umstände denkbar, die eine Ausnahme von einer Norm oder (bei einem Normkonflikt) das Zurücktreten einer Norm hinter eine andere begründet erscheinen lassen. Der erste Fall liegt etwa dann vor, wenn das Tötungsverbot (Norm 2) für den Fall aufgehoben wird, dass eine Notwehrsituation vorliegt. Der zweite Fall liegt etwa dann vor, wenn man nur durch eine Lüge (einen Verstoß gegen Norm 6) einem anderen Menschen (gemäß Norm 7) das Leben retten kann. Außerdem muss natürlich das Verbot der Ausübung von Zwang (gemäß Norm 3) insofern eine Einschränkung erfahren, als die Moral als solche in Verbindung mit den für sie typischen Sanktionen ja stets einen gewissen Zwang darstellt.

VI.
Muss die Moral alle gleichbehandeln?

Immer wieder kann man hören oder lesen, alle Menschen seien von Natur aus gleich und müssten deshalb gleichbehandelt werden. Der in dieser Behauptung enthaltene *Gleichheitssatz* ist in wesentlicher Hinsicht falsch und höchstens in einem bestimmten Sinn zutreffend. Um dies zu erkennen, müssen wir vor allem die unterschiedlichen Bedeutungen des Satzes auseinanderhalten.

Natürlich sind alle Menschen von Natur aus gleich insoweit, als sie alle Menschen sind. Als Menschen haben sie von Natur aus aber – außer den allgemeinmenschlichen Eigenschaften und Interessen – auch sehr unterschiedliche Eigenschaften (wie Talente oder Fähigkeiten) und Interessen. So habe ich von Natur aus mit Sicherheit nicht das Talent zum Spitzensportler; ja ich hätte, unabhängig davon, wie ich als Jugendlicher erzogen und ausgebildet worden wäre, nicht einmal meinen Lebensunterhalt als Sportler verdienen können. Andererseits sind nur wenige Spitzensportler dazu in der Lage, ihren Lebensunterhalt mit einer Form *geistiger* Tätigkeit zu verdienen.

Versteht man den Gleichheitssatz also dahingehend, dass alle Menschen von Natur aus in *tatsächlicher* Hinsicht gleich sind und dass alle später auftretenden Unterschiede zwischen den Menschen allein auf diversen Umwelteinflüssen beruhen, ist der Satz schlicht falsch. Verdient der Gleichheitssatz aber vielleicht Zustimmung, wenn man ihn gleichwohl in einem umfassend

normativen Sinn versteht? Mit anderen Worten: Sollen
wir andere Menschen, obschon sie nicht in jeder Hinsicht gleich *sind*, trotzdem in jeder Hinsicht *gleichbehandeln*?

Es ist nicht einsehbar, warum wir dies tun sollen;
und in Wirklichkeit tut dies auch niemand. Natürlich
ist nichts dagegen zu sagen, wenn man sich seinen
Ehepartner, seine Freunde, Skatbrüder oder Geschäfts-
partner nach seinem persönlichen Geschmack aus-
sucht. Sonst wäre es ja um die Freiheit des Individuums schlecht bestellt. Es ist insbesondere auch nicht
einzusehen, dass man im Rahmen der Auswahl, die
man trifft, ganz bestimmte persönliche Kriterien etwa
nicht anwenden darf. So sehe ich keinen Grund, warum ein Firmenchef bei der Wahl seiner Sekretärin zwar
eine übergewichtige oder eine ungeschminkte Kandidatin ablehnen darf, nicht aber eine schwarze oder
eine lesbische Kandidatin. Ich selbst würde beispielsweise zwar die unterschiedlichsten Leute, die in meiner Nachbarschaft wohnen, zu einem Gartenfest einla-
den, aber wohl kaum einen unserer heutigen Spitzen-
politiker.

Dass wir andere Menschen nicht in jeder Hinsicht
gleichbehandeln sollen, bedeutet jedoch nicht, dass wir
sie nicht in *bestimmter* Hinsicht gleichbehandeln sollen. Diese Hinsicht aber ist jedenfalls die der Moral:
Geht es darum, ob man einen anderen Menschen töten, bestehlen, belügen etc. darf, müssen Eigenschaften
wie die oben im Fall der Sekretärin genannten ganz offensichtlich außer Betracht bleiben. Diskriminierung
im Bereich des privaten Umgangs mit anderen ist eine,
Diskriminierung im Bereich des moralischen (wie auch

rechtlichen) Umgangs mit anderen ist eine andere Sache. Ein katholischer, deutscher Mann etwa, der es nie in Betracht ziehen würde, eine Jüdin oder eine Ausländerin zu heiraten, ist nicht deshalb ein Antisemit oder ein Fremdenfeind. Man braucht sich mit Angehörigen fremder Religionen oder Rassen nicht zu verbrüdern, um sie als Menschen zu behandeln und als solche zu respektieren.

Es wird heutzutage kaum noch bestritten, dass im Bereich einer allgemeine Zustimmung beanspruchenden Moral jede Diskriminierung oder Benachteiligung bestimmter Bevölkerungsschichten oder Individuen ausgeschlossen sein muss. Vom philosophischen Standpunkt aus müssen wir uns aber trotzdem fragen: Lässt sich diese Ablehnung jeder moralischen Diskriminierung ausreichend begründen, und wie könnte eine solche Begründung aussehen?

Am einfachsten wäre eine Begründung sicher dann, wenn das Verbot einer moralischen Diskriminierung die Konsequenz von Moralnormen wäre, die den Menschen vorgegeben sind. Wie aber lässt sich dies zeigen? Selbst dann, wenn es den Menschen vorgegebene Moralnormen im Prinzip gäbe (was ich in Kapitel II verneint habe): Was kann der Diskriminierungsgegner demjenigen entgegenhalten, der die Diskriminierung befürwortet und an eine vorgegebene Moralnorm glaubt, wonach etwa Männern weitergehende moralische Rechte zustehen als Frauen? Der Betreffende könnte sich dazu sogar auf die Bibel berufen, wo es im 1. Korintherbrief des Paulus (11,3–9) heißt, dass nur der Mann »Abbild und Abglanz Gottes« ist, dass die Frau dagegen »für den Mann geschaffen wurde« und dass deshalb der Mann »das Haupt der Frau« sei.

Auch an dieser Stelle zeigt sich wieder, was schon in Kapitel II deutlich wurde: Es liegt für denjenigen, der an vorgegebene Moralnormen glaubt, nur allzu nahe, in diese angenommenen Moralnormen einfach das hineinzulegen, was seinen persönlichen Werten oder Idealen bzw. denen seiner weltanschaulichen Glaubensgemeinschaft gemäß ist. Das Ergebnis stellt – anstelle einer angeblich objektiven Begründung – eine ideologische Pseudobegründung dar.

An diesem Punkt jedoch müssen wir uns die Frage stellen: Lässt sich denn auf der Basis einer interessenfundierten Sichtweise der Moralbegründung, für die ich in Kapitel V argumentiert habe, so etwas wie ein Gebot der moralischen Gleichbehandlung bzw. ein Verbot der moralischen Diskriminierung intersubjektiv begründen? Aus der folgenden Überlegung heraus könnte man auf den Gedanken kommen, dass dies prinzipiell *nicht* möglich ist.

Wir sahen oben, dass jeder Einzelne nur dann eine Chance hat, dass seine elementaren Interessen durch eine Moralnorm geschützt werden, wenn diese Moralnorm so allgemein gefasst ist, dass jeder – also auch er – bei einem anderen Menschen diese Interessen ebenfalls respektieren muss (vgl. S. 58 f.). Denn welchen Grund könnte jemand dafür haben, einer Norm zuzustimmen, dass er anderen keine Verletzung zufügen darf, wenn die anderen nicht gleichzeitig der Norm zustimmen, dass auch sie ihm keine Verletzung zufügen dürfen?

Diese Argumentation beruht aber offenbar auf der Voraussetzung, dass jeder sowohl Opfer als auch Täter einer Verletzung sein kann und dass deshalb auch jeder sich die gewisse Sicherheit, nicht Opfer zu werden, durch die Bereitschaft zum Verzicht, Täter zu werden, erkaufen muss. Anders gesagt: Jeder andere ist im Prinzip dazu in der Lage, dieselbe Verletzung, die ich ihm zufügen kann, auch mir zuzufügen. Und nur deshalb, weil dies der Fall ist, profitiere ich davon, wenn jeder (also auch ich) dazu bereit ist, auf die Verletzung eines anderen zu verzichten. Trifft genau diese Voraussetzung aber wirklich auf alle Menschen gleicherweise zu?

Eine kurze Überlegung zeigt, dass dies mit Sicherheit *nicht* der Fall ist. Kleinkinder zum Beispiel können mich gar nicht verletzen. Und ältere Kinder können mich allenfalls geringfügig verletzen. Warum also soll ich mich auch in Bezug auf diese Menschen, die mir gar nicht ernsthaft schaden *können*, zu dem Verletzungsverbot oder auch zu dem Tötungsverbot bereit erklären? Warum sollen ältere Menschen sehr junge Menschen nicht ruhig diskriminieren, also eine Norm in Geltung setzen, entsprechend der nur Menschen von einem bestimmten Alter an nicht getötet bzw. verletzt werden dürfen und damit das Recht auf Leben und körperliche Unversehrtheit besitzen?

Ich möchte die Antwort auf diese Frage zunächst zurückstellen und fragen, ob die genannte Voraussetzung, nach der jeder sowohl Täter als auch Opfer sein kann, vielleicht auch noch bei anderen Menschen als bei Kindern *nicht* erfüllt ist und insofern zu einer Diskriminierung führen könnte. Bei Frauen zum Beispiel ist die Voraussetzung ganz sicher erfüllt. Zwar ist die durchschnittliche Frau körperlich nicht so stark wie der durchschnittliche Mann. Trotzdem gibt es eine nicht geringe Anzahl von Frauen, die einem Mann wie mir körperlich wie geistig überlegen sind, vor deren Aktionen – insbesondere Vergeltungsaktionen! – ich mich in einem Naturzustand ohne Moral- und Rechtsnormen also fürchten müsste. Außerdem ist kein Mensch, ob Mann oder Frau, so stark, dass nicht mehrere schwache Menschen, die sich zusammentun, ihm ernsthaft schaden können.

Ist die Voraussetzung aber beispielsweise auch bei Schwerstbehinderten erfüllt? Ist die Situation hier nicht wesentlich dieselbe wie bei Kleinkindern? Vermutlich ja. Hier gibt es aber ein weiteres Argument gegen jede Diskriminierung: Da jeder von uns auch ohne eigenes Zutun, etwa durch einen Verkehrsunfall, schwerstbehindert werden kann, kann schon aus diesem Grund niemand vernünftigerweise wollen, dass diese Menschen diskriminiert werden. Denn natürlich habe ich ein umfassendes Interesse daran, dass solche Moralnormen soziale Geltung erlangen, die nicht nur meinen gegenwärtigen, sondern auch meinen potentiell künftigen Interessen dienen.

Aber auch unabhängig davon gibt es ein Argument, das gegen eine Diskriminierung von Schwerstbehinderten sprechen kann. Dieses Argument nimmt Bezug auf das Mitgefühl, das nicht wenige Menschen mit schwerstbehinderten Mitmenschen haben. Mit diesem Mitgefühl wäre eine Diskriminierung offenbar nicht vereinbar. Es ist richtig, dass dieses Argument nur für diejenigen einen Grund gegen die betreffende Diskriminierung darstellt, die tatsächlich über dieses Mitgefühl verfügen. Da dies jedoch, wie man annehmen darf, auf zahlreiche Menschen zutrifft, ist die soziale Wirkungskraft dieses Argumentes gleichwohl beträchtlich.

An diesem Punkt unserer Überlegungen halte ich es für notwendig, einen ganz generellen Hinweis zum richtigen Verständnis des interessenfundierten Ansatzes einer Moralbegründung zu geben. Bislang hatte ich meinen Beispielen für eine intersubjektiv begründete Moralnorm immer nur Interessen zugrunde gelegt, die der Einzelne bezogen auf sich selbst, auf sein *eigenes* Wohlergehen hat. Menschen haben jedoch in aller Regel außer derartigen egoistischen Interessen auch gewisse altruistische Interessen, also Interessen am Wohlergehen *anderer* Menschen. Damit soll nicht gesagt sein, dass sich diese Interessen regelmäßig auf das Wohlergehen *aller* anderen Menschen erstrecken oder dass sie ebenso stark ausgeprägt sind wie die Interessen am eigenen Wohlergehen. Es soll vielmehr gesagt sein, dass jedenfalls die allermeisten Menschen neben egoistischen Interessen auch gewisse, zum Teil sehr intensive altruistische Interessen haben, und zwar besonders bezogen auf das Wohlergehen ihrer engen Verwandten und Freunde.

Es spricht nun aber absolut nichts dagegen, dass die Menschen sowohl ihre altruistischen als auch ihre egoistischen Interessen in den Begründungsprozess jener Moralnormen, die ihren Interessen dienen sollen, mit einbringen. Das macht vor allem unser obiges Beispiel einer denkbaren Diskriminierung von Kindern sehr deutlich. Wohl niemand, der eigene Kinder hat, würde etwa einem Verbot der Verletzung oder der Tötung von Menschen zustimmen, das Kinder nicht mit einbezieht und ihnen nicht dieselben Rechte wie Erwachse-

nen einräumt. Ja selbst Individuen, die keine eigenen
Kinder haben, werden gewöhnlich über ein Maß an
Altruismus *allen* Kindern gegenüber verfügen, das
hinreichend ist, um eine solche Diskriminierung aus-
zuschließen.

Von allen denkbaren Szenarien einer möglichen Diskriminierung durch Moralnormen dürfte noch am
ehesten das folgende Szenarium einer Interessentheorie
der Moralbegründung Probleme bereiten: Eine klar
definierte (etwa rassische) Minderheit, deren Mitglieder für jedermann leicht identifizierbar sind, wird in
einer Gesellschaft versklavt und ausgebeutet. Das muss
nicht unbedingt bedeuten, dass diese Menschen gar
keine Rechte besitzen bzw. in jeder Hinsicht diskriminiert werden, wohl aber, dass sie in mancher Hinsicht
bzw. von *einigen* der in der Gesellschaft geltenden
Moral- und Rechtsnormen offen benachteiligt werden.
Was spricht vom Standpunkt einer interessenfundierten Moralbegründung gegen eine solche Praxis? Warum sollte insbesondere die privilegierte Mehrheit der
Mitglieder einer solchen Gesellschaft dieses System ablehnen?

Ich kann hierfür in der Tat keinen unter allen denkbaren Umständen zwingenden Grund erkennen. Trotzdem gibt es mehrere relevante Gesichtspunkte, die unter realistischen Bedingungen auch vom Standpunkt
der Mehrheit aus *gegen* ein solches System sprechen.
1. Die Versklavung anderer Menschen bringt der
Mehrheit nicht nur Vorteile. Denn die Sklaven werden
kaum freiwillig, sondern nur unter Zwang mitspielen.
Jeder soziale Zwang aber ist immer auch mit Aufwen-
dungen verbunden, die für andere Zwecke verloren ge-

hen. Es ist durchaus möglich, dass die Mehrheit unter Bedingungen der Gleichberechtigung und damit freiwilligen Kooperation der Minderheit alles in allem ebenso gut oder sogar besser dastehen würde. 2. Selbst ein relativ stabiles System der Sklaverei kann durch Aufstände erschüttert werden und eines Tages im Bürgerkrieg enden. Kann die Mehrheit aber das Risiko eines solchen Krieges, der *allen* schadet, für sich selbst oder für künftige Generationen – also für die eigenen Kinder oder Enkel, die der Mehrheit ja nicht gleichgültig sind – vernünftigerweise in Kauf nehmen? 3. Werden nicht wenigstens *einige* Mitglieder der Mehrheit auch aus Mitgefühl das System ablehnen – sei es auch nur, weil *einige* der Sklaven, zu denen sie persönliche Beziehungen unterhalten, von ihrem Altruismus erfasst werden?

In diesem Zusammenhang ist auch noch Folgendes zu bedenken: Untersucht man die besonders gravierenden Versklavungen bzw. Diskriminierungen von Minderheiten in der historischen Realität näher, wird man feststellen: Diese Diskriminierungen waren regelmäßig verbunden mit rational unhaltbaren, ideologischen Annahmen über die jeweilige Minderheit. Ein besonders deutliches Beispiel hierfür ist die nationalsozialistische Lehre von der jüdischen »Rasse« und der von ihr ausgehenden Gefahr für das deutsche Volk. Derartig irrationale und unaufgeklärte Annahmen können niemals Basis wirklicher Interessen und damit rationaler Handlungen sein (vgl. oben S. 56). Insofern kann auch die Diskriminierung bzw. Vernichtung der Juden durch die Nationalsozialisten nur als irrational bezeichnet werden.

Nach alledem kann man sagen: Eine Moral, die auf den gleichgerichteten elementaren Interessen der Menschen basiert, wird jedenfalls in der Regel allen Menschen auch die gleichen Rechte und Pflichten zuerkennen. Damit ist die Problematik der Gleichbehandlung jedoch noch nicht abschließend untersucht. Manche Philosophen behaupten nämlich, eine interessenfundierte Theorie der Moralbegründung sei nur dann vertretbar, wenn sich zeigen ließe, dass von den betreffenden Moralnormen auch jedermann *in gleichem Maße* profitiert.

Diese Forderung nach einem gleichen Maß an *Nutzen* für jedermann geht über die Forderung nach gleichen Rechten für jedermann allerdings weit hinaus. Ja, sie erscheint mir von vornherein recht illusorisch zu sein. Natürlich profitiert etwa der reiche Industrielle vom Schutz des Eigentums durch das Verbot des Diebstahls ungleich mehr als der kleine Angestellte. Und natürlich nützt selbst eine Norm wie das Tötungsverbot bzw. das Recht jedes Menschen auf Leben der dreißigjährigen Mutter von fünf Kindern (deren Überleben der Frau nicht weniger wichtig ist als das eigene Überleben) in weit stärkerem Maß als dem alleinstehenden achtzigjährigen Junggesellen. Zutreffend ist, dass es bei Lebensbeginn noch weitgehend offen ist, in welchem Ausmaß ein Mensch tatsächlich von einer bestimmten Moralnorm profitieren wird.

Als weniger realitätsfern jedoch erscheint mir die folgende Fragestellung: Wie steht es um die intersubjektive Begründung einer Moralnorm, von der möglicherweise manche Individuen *überhaupt nicht* profitieren? Betrachten wir die Moralnorm, dass man Tiere nicht quälen darf. Vermutlich gibt es einige – hoffentlich nur wenige – Menschen, die trotz ausreichender Kenntnis über Tiere so herzlos diesen Wesen gegenüber sind, dass sie kein Interesse (altruistischer Art) an der Geltung dieser Norm haben. Wie ist eine solche Situation zu bewerten?

Zunächst einmal ist festzustellen, dass man in einem solchen Fall nicht sagen kann, die betreffende Moralnorm sei *umfassend* intersubjektiv begründet. Man kann nur sagen, sie sei *weitgehend* intersubjektiv begründet. Interessant ist nun aber die Frage: Können die Angehörigen der Mehrheit, die der Moralnorm ja zustimmen, mit dieser Norm ebenso umgehen wie mit einer Moralnorm, die umfassend intersubjektiv begründet ist? Können sie insbesondere den Angehörigen der Minderheit gegenüber, die an der Geltung der Norm nicht interessiert sind, trotzdem jene Sanktionen ergreifen, mit denen die Geltendmachung einer intersubjektiv begründeten Moralnorm typischerweise verbunden ist (vgl. S. 65)?

Man könnte meinen, dies sei zwar möglich, aber moralisch nicht in Ordnung. Denn von den Angehörigen der Minderheit werde hier ja ein Verhalten verlangt, das diese ihrerseits von ihren Mitmenschen gar nicht erwarten. Was heißt hier aber »moralisch nicht in Ordnung«? Unter der Voraussetzung, dass es keine den Menschen vorgegebenen Moralnormen gibt, gibt es auch keine objektive Instanz, die den Einsatz von Menschen für eine Moralnorm gestatten oder verbieten könnte. Also kann es auch kein Verbot geben, andere Menschen aufzufordern und auf sie einzuwirken, dass sie bestimmte Moralnormen befolgen. Jeder darf sich im Prinzip für die Moralnormen einsetzen, die in seinem Interesse liegen.

Eine andere Frage lautet allerdings, ob der Einzelne mit diesem Einsatz auch Erfolg hat. Das hängt natürlich nicht zuletzt davon ab, wie vielen seiner Mitmenschen jene Moralnorm, die ihm wichtig ist, ebenfalls wichtig ist. Derjenige, der einer Moralnorm nicht nur selbst zustimmt, sondern sie in aller Offenheit nach außen vertritt, geht gewöhnlich davon aus, dass diese Moralnorm sich auch für die Mitmenschen begründen lässt. Er wird deshalb in der Regel nur solche Moralnormen offen vertreten, von denen er annimmt, dass die Interessen, denen sie dienen, die natürlichen Interessen jedes normalen Menschen sind (vgl. oben S. 17). Und diese Interessen können, wie im Fall des Verbots der Tierquälerei, eben auch Interessen altruistischer Art sein. Im Übrigen lässt sich ja selbst im Fall der in Kapitel V angeführten sieben intersubjektiv begründeten Moralnormen nie ganz ausschließen, dass es einzelne, sehr ungewöhnliche Individuen gibt, die an diesen Normen *nicht* interessiert sind.

VII.
Warum soll man nicht »trittbrettfahren«?

Was bedeutet es, »trittbrettzufahren«? Wörtlich verstanden bedeutet es, auf dem Trittbrett eines Zuges mitzufahren, ohne dafür zu bezahlen. Im übertragenen Sinn des Wortes, der den Erörterungen dieses Kapitels zugrunde liegt, ist damit Folgendes gemeint: Man profitiert von einem gemeinsamen Unternehmen oder von einer sozialen Praxis in einer Gruppe oder Gesellschaft, ohne selber seinen Beitrag zu dem Unternehmen oder zu der Praxis zu leisten. Ein typischer Trittbrettfahrer ist also nicht nur der sogenannte Schwarzfahrer, sondern auch etwa jemand, der sich in einem Haus mit mehreren Wohnungen nicht an der Treppenreinigung beteiligt. Und ein Trittbrettfahrer in diesem Sinn ist insbesondere derjenige, der von der sozialen Geltung einer *Moralnorm* profitiert, ohne sich selber an diese Moralnorm zu halten.

Wie wir sahen, profitieren von der sozialen Geltung bestimmter intersubjektiv begründeter Moralnormen wie des Gebots, ein gegebenes Versprechen zu halten, *alle* Menschen – allerdings nur so lange, wie sich auch alle oder jedenfalls die meisten Menschen tatsächlich an das Gebot halten. In dieser Situation aber kann sich jeder fragen:

»Warum soll auch *ich* mich an das Gebot halten? Die Einstellung der Mehrheit meiner Mitmenschen zu dem Gebot ist von meinem Verhalten doch völlig unabhängig. Entweder sie halten sich *nicht* an das

Gebot; dann kann ich das auch nicht ändern. Oder sie halten sich an das Gebot; dann kann ich diese Tatsache jedenfalls ausnutzen und so die Vorteile dieser Moralnorm genießen und gleichzeitig ihre Nachteile vermeiden.«

Die gleichen Überlegungen aber lassen sich für alle anderen Moralnormen, die jedermanns Interesse dienen, ebenso anstellen. Es ist also die moralische Haltung als solche, die hier auf dem Prüfstand steht. Jeder von uns könnte sich ja sagen:

»Natürlich bin ich ganz und gar dafür, dass sich die anderen moralisch verhalten. Aber warum soll *ich* nicht die Moral Moral sein lassen und zu Lasten meiner Mitmenschen das Leben eines Schmarotzers führen?«

Es sei daran erinnert, dass genau dies die Fragestellung ist, deren sich auch die Goldene Regel annimmt – nämlich in ihrer »angereicherten« Form (vgl. oben S. 53 f.): Jemand profitiert alles in allem von einer tatsächlich sozial geltenden Moralnorm. Er vertritt deshalb diese Moralnorm seinen Mitmenschen gegenüber. Soll er sich aber schon deshalb auch selber nach ihr richten? Die Goldene Regel beantwortet diese Frage mit einem eindeutigen »Ja«, ohne dieses jedoch in irgendeiner Weise zu begründen. Wir sahen aber schon im Ansatz (S. 63 f.), in welche Richtung die gesuchte Begründung gehen muss. Ich will nun versuchen, diesen Ansatz näher auszuführen.

Zunächst einmal ist zu bedenken: Die Frage nach

der moralischen Normbefolgung stellt sich in der Realität nicht ganz so dramatisch dar, wie es nach dem bisher Gesagten den Anschein hat. In vielen Fällen verhalten sich Menschen nämlich einer Moralnorm gemäß oder *moralkonform*, ohne dass die Moralnorm selbst dabei irgendeine sie motivierende Rolle spielt. Dies ist immer dann der Fall, wenn die Betreffenden zu der verbotenen Handlung ohnehin keinen Antrieb verspüren. So verspüren zum Beispiel die allermeisten Menschen gewöhnlich keinen Antrieb dazu, einen Mitmenschen zu töten oder zu verletzen.

Einen Antrieb zu solchen Handlungen aber verspüren die allermeisten Menschen selbst dann nicht, wenn sie von diesen Handlungen durchaus profitieren würden. Sie sind nämlich keine reinen Egoisten, sondern haben außer den üblichen egoistischen oder selbstbezogenen Interessen jedenfalls auch *gewisse* altruistische oder fremdbezogene Interessen, Interessen also am Wohl anderer Menschen oder fühlender Wesen (vgl. schon S. 72 f.). Nur wenige Menschen sind, selbst dann, wenn sie nur ihren natürlichen Antrieben folgen, dazu bereit, einen anderen Menschen zu töten, um z. B. 100 Euro zu rauben. Und nur wenige Menschen sind *nicht* aus spontanem Mitgefühl dazu bereit, mit ihrem Mobiltelefon einen Rettungswagen zu rufen, wenn sie als Spaziergänger Zeuge eines schweren Verkehrsunfalls werden (vgl. oben S. 63, Norm 7).

Bedenkt man, wie häufig die meisten Menschen wohl die Möglichkeit hätten, gegen eine der in Kapitel V genannten sieben zentralen Moralnormen zu verstoßen, wird man sicher sagen dürfen, dass sie in den meisten möglichen Fällen einen solchen Verstoß schon deshalb nicht begehen, weil ihnen jeder Antrieb, jede Versuchung hierzu fehlt. Man sollte deshalb davon, dass Menschen eine Moralnorm *befolgen*, nur dann sprechen, wenn ihr Verhalten auf die soziale Geltung der Norm sowie ihre Einstellung zu der Norm zurückgeht. Ansonsten verhalten sich die Menschen bloß im Einklang mit oder gemäß der Moralnorm. Ihr Verhalten ist, wie schon gesagt, *moralkonform* – auch ohne, dass sie die Moralnorm befolgen.

Natürlich ist den Mitmenschen an nichts anderem als dem moralkonformen Verhalten, gleichgültig aus welchem Motiv, gelegen. In der Realität begegnen jedoch auch immer wieder Fälle, in denen es zu einem moralkonformen Verhalten nur deshalb kommt, weil die betreffende Moralnorm mit ihren äußeren und inneren Sanktionen in Geltung ist und von ihren Adressaten tatsächlich befolgt wird. Unsere Fragestellung in diesem Kapitel lautet deshalb: Wieso ist es rational für jemanden, eine geltende Moralnorm, deren Verletzung in einem konkreten Fall in seinem Interesse liegt, trotzdem zu befolgen und sich insofern nicht aufgrund seiner natürlichen Antriebe, sondern aufgrund der betreffenden Moralnorm moralkonform zu verhalten?

Der Grund für eine Normbefolgung, der jedem vermutlich sofort einfällt, ist der Grund drohender *äußerer Sanktionen*. Gemeint sind sowohl die informellen Sanktionen in Form von Tadel und Verachtung seitens der Umwelt als auch – im Fall inhaltlich identischer Moral- und Rechtsnormen – die noch zu diesen hinzukommenden formellen Sanktionen (vor allem Strafen) seitens der Rechtsordnung.

Können diese Sanktionen für den Adressaten einer

Moralnorm aber als ausreichender Grund zur Normbefolgung gelten? Die Antwort auf diese Frage liegt
auf der Hand: Das kommt darauf an. Es kommt zum
einen darauf an, wie stark die Sanktionen für den, der
die Norm verletzen möchte, ins Gewicht fallen. Wäh-
rend die Sanktionen der Rechtsordnung (etwa im Fall
eines Diebstahls) den in der Normverletzung liegenden Gewinn wohl stets mehr als aufwiegen, wird dies
auf die äußeren Sanktionen der Sozialmoral (etwa im
Fall einer Lüge) nicht unbedingt zutreffen. Es gibt sicher Menschen, denen es relativ gleichgültig ist, wie
ihre Mitmenschen über die Moralverstöße urteilen, die
sie begehen.

Viel wichtiger als dieser Punkt aber ist der folgende:
Es gibt ganz offensichtlich immer wieder Verstöße gegen Moralnormen (wie auch gegen Rechtsnormen), denen gar keine äußeren Sanktionen folgen. Der Grund
dafür liegt einfach darin, dass die Täter (etwa von
Diebstählen) nicht entdeckt werden. Und es gibt eben
auch Konstellationen, in denen die Gefahr, entdeckt
und anschließend sanktioniert zu werden, von vornherein äußerst gering ist. Warum aber soll jemand auch
unter diesen Umständen auf einen Normverstoß verzichten, von dem er, so wie die Dinge liegen, alles in
allem höchstwahrscheinlich nur profitieren wird?

Der Grund für einen derartigen Verzicht, der nicht
in dem Einfluss äußerer Sanktionen liegt, kann nur in
dem Einfluss *innerer Sanktionen* liegen. Diese inneren
Sanktionen sind die Sanktionen des »schlechten Gewissens«, also Reue, Gewissensbisse, Schuldgefühle.
Leidet nun aber automatisch jeder Mensch, der eine
Moralnorm, die ihm nützt, verletzt, unter solchen in-

neren Sanktionen? Das ist sicher nicht der Fall. Voraussetzung für ein »schlechtes Gewissen« des A ist vielmehr, dass A erstens überhaupt so etwas wie ein Gewissen hat und dass zweitens die betreffende Moralnorm in A's Gewissen auch verankert ist.

Wann ist eine Moralnorm in meinem Gewissen verankert oder Teil meines Gewissens? Entscheidend ist: Ich muss die Norm in einem bestimmten Sinn des Wortes *akzeptieren*. Überhaupt ein Gewissen aber habe ich erst dann, wenn ich jedenfalls *irgendwelche* Normen in diesem Sinn des Wortes akzeptiere. Was heißt es, eine Norm zu akzeptieren? Ich akzeptiere eine Norm n dann, wenn n für mich ein verbindlicher Verhaltensmaßstab ist, wenn ich mir n als Regel zu eigen gemacht oder internalisiert habe. Ist dies aber der Fall, befolge ich n normalerweise auch dann, wenn die Befolgung nicht in meinem unmittelbaren Interesse liegt. Ja, ich stelle mir diese Frage nach dem Nutzen gewöhnlich gar nicht, sondern befolge n einfach wegen meiner inneren Einstellung zu n.

Ich denke, dass jeder, der etwa die Moralnorm »Man darf nicht stehlen« akzeptiert, mir zustimmen wird, dass er genau diese Einstellung zu der Norm hat: Auch wenn er in einem Laden eine Geldbörse mit 100 Euro findet und sicher sein kann, nicht entdeckt zu werden, wird er – selbst wenn er das Geld gut gebrauchen könnte – die Geldbörse dem Ladeninhaber übergeben. Ich behaupte nicht, dass alle Menschen so handeln. Ich behaupte vielmehr, dass diejenigen Menschen, die so handeln, deshalb so handeln, weil sie das Diebstahlsverbot akzeptieren.

Derjenige, der also eine bestimmte Moralnorm akzeptiert, wird sich auch dann an sie halten, wenn es in seinem unmittelbaren Interesse läge, die Norm zu verletzen. Damit aber sind wir bei der eigentlichen Kernfrage dieses Kapitels angelangt: Ist es denn überhaupt rational oder vernünftig, irgendeine Moralnorm, die an einen selbst gerichtet ist, zu akzeptieren? Anders gefragt: Warum soll man nicht einfach immer dann trittbrettfahren, wenn einem dies nützt und wenn einem dafür keine *äußeren* Sanktionen drohen? Warum soll man sich überhaupt in eine psychische Verfassung begeben, in der man so etwas wie ein Gewissen hat, in der man also die mit der Akzeptanz von Moralnormen verbundenen *inneren* Sanktionen verspürt?

Stelle ich mir diese Frage, ob es für mich rational oder vernünftig ist, ein Gewissen zu haben und bestimmte Moralnormen als für mich verbindlich zu akzeptieren, so ist dies eine sehr grundsätzliche und umfassende Frage, die sehr schnell in die Fragen mündet »Was für ein Mensch will ich vernünftigerweise sein?« oder »Was für ein Leben will ich vernünftigerweise führen?«.

Es gibt, soweit ich sehe, vor allem zwei Gesichtspunkte, die einen Menschen rationalerweise veranlassen können, sich für ein Leben *mit* einem Gewissen zu entscheiden. Der erste Gesichtspunkt ist eine Einstellung der Fairness. Das, was Trittbrettfahren mit Fairness – oder richtiger: mit Unfairness – zu tun hat, liegt auf der Hand. Fahre ich trittbrett, nutze ich ja, wie wir sahen, die allgemeine Praxis einer sozial geltenden Moralnorm für mich aus, indem ich von der Normakzeptanz meiner Mitmenschen, die zur sozialen Geltung und damit zur Befolgung der Norm führt, profitiere und gleichzeitig meinen eigenen Beitrag zur Geltung der Norm verweigere. Das aber ist mit Sicherheit der Prototyp eines unfairen Verhaltens. Es ist genauso zu beurteilen, als wenn ich mich etwa vor der Beteiligung an einem gemeinsamen Deichbau auf einer Insel drücke – einem Deichbau, der mir denselben Schutz gewährt wie jedem meiner Mitbürger.

Die grundsätzliche Frage, die sich an diesem Punkt jeder selbst stellen muss, lautet: Welches Leben entspricht, wenn ich mir die zur Debatte stehende Alternative in aller Klarheit vor Augen führe, eher meinem Ideal von einem gelungenen Leben? Ist es das Leben eines unfairen Schmarotzers, der die moralische Einstellung seiner Mitmenschen bei jeder sich bietenden Gelegenheit schamlos ausnutzt, oder das Leben eines jedenfalls dann zur Kooperation bereiten »Mitspielers«, wenn das Unternehmen insgesamt sowohl funktioniert als auch meinen Interessen dient?

Keine der beiden möglichen Antworten auf diese Frage ist zwingend. Denn es gibt ja keine uns vorgegebenen Moralnormen, also auch kein vorgegebenes Fairnessgebot. Dies schließt aber nicht die Möglichkeit aus, dass nicht wenige Menschen nach sorgfältiger Überlegung und Abwägung aller Aspekte einem Leben in Fairness den Vorzug geben. Derjenige, der dies unter diesen Umständen tut, verhält sich sicherlich nicht irrational. Er verhält sich so wenig irrational, wie jemand sich irrational verhält, der nach sorgfältiger Überlegung zu dem Schluss kommt, in seiner Freizeit lieber mit Freunden zu musizieren als durch eine langweilige Nebentätigkeit zusätzliches Geld zu verdienen. Geld und andere materielle Güter sind nicht die einzigen rationalen Ziele, die man im Leben verfolgen kann. Derjenige, der anstatt sich bei jeder Gelegenheit selber zu bereichern, mit seinen Mitmenschen fair umgeht und insofern auf ein ausgebildetes Gewissen Wert legt, muss deswegen gewiss nicht ein schlechteres Leben haben.

Man sollte sich in diesem Zusammenhang noch einmal klar vor Augen führen, was genau Fairness bedeutet bzw. nicht bedeutet. Fairness bedeutet nicht, dass ich jede beliebige in meiner Gesellschaft allgemein akzeptierte Moralnorm zum Inhalt meines Gewissens mache. Die Fairness gebietet mir keineswegs, eine allgemein akzeptierte Moralnorm meinerseits auch dann zu akzeptieren, wenn mir an der allgemeinen Akzeptanz genau dieser Moralnorm gar nichts liegt. Ein Homosexueller, der in einer Gesellschaft lebt, die die Homosexualität verbietet, hat keinen Grund, seinerseits dieses Verbot zu akzeptieren. Und Fairness bedeutet ebenfalls nicht, dass ich jede Moralnorm, deren allgemeine Akzeptanz in der Gesellschaft fraglos in meinem Sinne *wäre*, schon deshalb auch meinerseits akzeptiere. Fairness verlangt erst dann meine Normakzeptanz mit den damit verbundenen Nachteilen, wenn zwei Bedingungen gleichzeitig erfüllt sind: Eine allgemeine Akzeptanz der Norm ist erstens in meinem Sinne, das heißt liegt in meinem Interesse. Und die allgemeine Akzeptanz der Norm ist zweitens in meiner Gesellschaft tatsächlich Realität.

Fairness verlangt danach also nicht, dass man in einer Gesellschaft etwa nicht betrügt oder nicht stiehlt, in der so gut wie jeder bei jeder sich bietenden Gelegenheit betrügt oder stiehlt (vgl. auch schon S. 53).

Denn dadurch würde man ja die Nachteile einer Norm bewusst in Kauf nehmen, ohne irgendwelche Vorteile von der Norm zu haben. Sagt jemand also etwa »Warum soll ich nicht betrügen? Die anderen betrügen ja auch«, dann hat er, was das Fairnessgebot angeht, völlig recht. Allerdings hat er nur dann recht, wenn er auch mit der vorausgesetzten Annahme recht hat, das heißt, wenn nicht nur dieser oder jener gelegentlich betrügt, sondern wenn so gut wie jeder bei praktisch jeder Gelegenheit betrügt, wenn also eine *allgemeine* Akzeptanz des Betrugsverbots ihm selbst zwar nützen *würde*, tatsächlich aber nicht nützen kann, weil es sie gar nicht gibt. Solange jedoch Normverstöße nicht die Regel sind, verlangt die Fairness nicht nur, sich an die Norm zu halten; sie verlangt auch, sich an der Sanktionierung vorkommender Normverstöße zu beteiligen.

Man muß bedenken: Selbst für rational eingestellte Individuen ist es gewiss schwierig, in einer Gesellschaft, in der die allgemeine Unmoral Realität ist, eine moralische Ordnung (erstmals oder wieder) zu etablieren. Jeder sieht sich hier ja mit der Frage konfrontiert »Warum soll ich mich von den anderen ausnutzen lassen?« und nicht mit der ganz anderen Frage »Warum soll ich nicht die anderen ausnutzen?«. Das Fairnessgebot kann nur auf die zweite, nicht auf die erste Frage eine Antwort geben.

Auf die erste Frage kann man noch am ehesten in einer *Kleingruppe* eine positive Antwort finden. So erscheint es nicht unbedingt unvernünftig, wenn ich als Bewohner eines Mietshauses mit mehreren Parteien, in dem tatsächlich *niemand* den Hauseingang reinigt, einige Male hintereinander mich aufopfere – in der

Hoffnung, dass das positive Resultat die Mitbewohner dazu animiert, dass auch sie zu diesem Resultat in Zukunft einen Beitrag leisten. Auf diese Weise kann es *unter günstigen Umständen* zu einer entsprechenden, allseits akzeptierten Norm kommen – was meine Vorleistung dann als sinnvoll erweisen würde. Man kann natürlich im Prinzip auch den Versuch machen, im Wege einer ausdrücklichen Vereinbarung der Hausbewohner zu einer solchen Norm zu kommen. Dies kann jedoch, was nicht zu übersehen ist, nur dann funktionieren, wenn mindestens jene Moralnorm, entsprechend der man seine Versprechen halten muss, in der Gruppe akzeptiert wird. Die Einhaltung von Versprechen oder Verträgen ist nämlich genauso der Gefahr des Trittbrettfahrens ausgesetzt wie jede andere im gemeinsamen Interesse liegende Moralnorm.

Trotz dieser Überlegungen wird es Menschen geben, für die unter *allen* Umständen nur der eigene Profit zählt. Für solche Menschen kann ein Prinzip der Fairness natürlich keine motivierende Kraft entfalten. Es gibt aber noch einen zweiten Gesichtspunkt, der sich für ein Leben *mit* einem Gewissen ins Feld führen lässt. Und dieser zweite Gesichtspunkt beruht letztlich nicht wie der Fairnessgesichtspunkt auf einem idellen Ziel, das sich nicht von selbst versteht, sondern auf einem egoistischen Interesse, wie es von Natur aus jedem eigen ist.

Um dies zu erkennen, müssen wir uns in die Lage eines Menschen T versetzen, der konsequent das gewissenlose Leben eines Trittbrettfahrers führt, der also nur dann moralkonform handelt, wenn er entweder an einer moralwidrigen Handlung gar kein Interesse hat

oder wenn er für eine solche Handlung mit gravierenden äußeren Sanktionen rechnen muss. Ich möchte
zeigen, dass T, rein egoistisch betrachtet, mit erhebli-
chen Problemen konfrontiert ist.

Zunächst ist zu bedenken, dass sich kaum je mit *Si-*
cherheit voraussagen lässt, ob eine bestimmte moral-
widrige Handlung tatsächlich Sanktionen auslösen
wird oder nicht. Es gibt bekanntlich Mörder und Die-
be, die erst nach Jahren durch einen Zufall gefasst und
bestraft werden. Und auch jemand, der nur einem Einzelnen gegenüber lügt oder ein Versprechen bricht,
kann nie sicher sein, dass er deswegen nicht von mehr
als einer Person Tadel erfährt. Mit einem gewissen Risiko wird also auch der klügste Trittbrettfahrer leben
müssen. Er wird sich deshalb fragen müssen, ob er ein
Leben mit weniger Profit, dafür aber auch mit weniger
Risiko nicht vorziehen sollte.

Mein eigentlicher Punkt ist aber ein anderer, den
man leicht übersehen kann. Es geht darum, wie sich
der Trittbrettfahrer T als »moralischer Mensch« im
umfassenden Sinn seiner Umwelt darstellt. Ein moralischer Mensch, der die elementaren Moralnormen internalisiert und sich ein Gewissen ausgebildet hat, ist
nicht nur dadurch charakterisiert, dass er moralisch
handelt, selbst wenn dies nicht in seinem unmittelbaren Interesse liegt. Er ist auch dadurch charakterisiert,
dass er als moralisch *Betroffener* auf bestimmte Weise
seinen Mitmenschen gegenüber reagiert.

Wie reagiert ein moralischer Mensch, wenn entweder er selbst oder jemand aus seinem Umfeld (Familie,
Freundeskreis, Arbeitskollegen, Nachbarn) von der
unmoralischen Handlung eines anderen betroffen ist?

Natürlich reagiert er mit Tadel, Ablehnung und Verachtung, also mit jenen typischen äußeren Sanktionen, denen Moralverstöße gewöhnlich ausgesetzt sind. Wie aber soll unser T als Mensch ohne Gewissen hier reagieren?

T steht hier vor einem Dilemma. Einerseits ist auch er wie jeder andere Mensch daran interessiert, dass *alle anderen* sich möglichst moralkonform verhalten, also *nicht* trittbrettfahren. Denn er selbst möchte ja nicht Opfer eines Verstoßes gegen eine auch in seinem Interesse liegende Moralnorm werden. Andererseits jedoch ist das Leben eines Trittbrettfahrers *für ihn selbst* offenbar eine wohlbegründete Option.

Unter diesen Umständen hat T im Prinzip zwei Möglichkeiten. Nach der ersten Möglichkeit verzichtet er nicht nur als Handelnder, sondern auch als Betroffener darauf, eine moralische Haltung einzunehmen. Er überlässt es den anderen also nicht nur, Moral zu praktizieren, sondern auch, Moral nach außen zu vertreten und zu stützen. Ein solches Verhalten wäre gewiss konsequent, aber sehr wahrscheinlich für T kontraproduktiv. Denn seine Mitmenschen würden ihn mit der Zeit immer mehr für den halten, der er wirklich ist, also für einen Menschen ohne Moral. Sie würden annehmen, dass er sich auch als Handelnder nicht um die Moral kümmert; und sie würden versuchen, für diese These Beweise zu finden. All das aber würde T auf Dauer in seinem sozialen Umfeld derart in Misskredit bringen, dass er das Leben eines Außenseiters führen müsste, mit dem die wenigsten Menschen Kontakt haben wollen.

Um dies zu vermeiden, müsste T die zweite Möglichkeit wählen und eine Doppelstrategie verfolgen: Als Handelnder müsste er trittbrettfahren, als Betroffener bzw. Beobachter von Moralverstößen jedoch müsste er die Moral predigen und stützen. Er müsste seiner Umwelt also eine Einstellung vorheucheln, die er in Wahrheit nicht hat. Dies aber erfolgreich zu tun, ist auf Dauer nicht einfach, sondern erfordert große Mühe und Wachsamkeit. Die Gefahr droht, dass zumindest T's engere Umgebung ihn irgendwann durchschaut und daraus Konsequenzen zieht. Der große Aufklärer Georg Christoph Lichtenberg hat es wie folgt auf den Punkt gebracht (*Schriften und Briefe I*, München 1968, S. 467): »Kluge Leute glauben zu machen, man sei, was man nicht ist, ist in den meisten Fällen schwerer, als wirklich zu werden, was man scheinen will.«

Also: Derjenige, der jedenfalls moralisch scheinen will, muss etwas dafür tun. Es ist aber meist einfacher, das Ziel dadurch zu erreichen, dass man tatsächlich moralisch wird, als dadurch, dass man sich bloß als moralisch darzustellen versucht. Ich füge hinzu: Dies gilt erst recht dann, wenn man durch Erziehung und Sozialisation in jenem Alter, in dem man zu reflektieren beginnt, in wesentlicher Hinsicht schon moralisch *ist*, wenn es also, genau genommen, gar nicht darum geht, moralisch zu *werden*, sondern nur darum, moralisch zu *bleiben*. Das soll nicht etwa heißen, dass man am besten auf jede Reflexion verzichtet. Es spricht alles dafür, jene gelernten Moralnormen, die in Wahrheit nicht im eigenen, umfassenden Interesse liegen, ohne zu zögern aus seinem Gewissen zu streichen.

VIII.
Setzt die Moral Willensfreiheit voraus?

Die Moral ist, wie wir an mehr als einer Stelle unserer Überlegungen gesehen haben, auf Sanktionen angewiesen, d. h. auf äußere Sanktionen durch die Mitmenschen, die Gesellschaft sowie auf innere Sanktionen durch den Übeltäter selbst. Ohne Sanktionen würde die Moral in der Realität keine Befolgung erfahren. Sanktionen aber – wie Strafe, Tadel und ein schlechtes Gewissen – sind ihrer Natur nach Übel, die denjenigen treffen, der eine Moralnorm verletzt hat.

Weil Sanktionen aber Übel sind, dürfen sie ganz offenbar nur den treffen, der eine Moralnorm *schuldhaft* verletzt hat. Derjenige, der als Autofahrer ein Kind überfährt und tötet, das ihm urplötzlich vor das Auto läuft, verdient keine Strafe. Und derjenige, der einem anderen in einer Notsituation nicht Hilfe leistet, weil er aufgrund seiner Schwerhörigkeit dessen Schreie nicht hört, braucht sich kein schlechtes Gewissen zu machen. Jede Form von Tadel setzt Schuld voraus.

Was aber ist Schuld? Zunächst einmal setzt Schuld, also die schuldhafte Verletzung einer Moralnorm, Vorsatz oder zumindest Fahrlässigkeit voraus. Vorsatz sowie Fahrlässigkeit aber scheinen ihrerseits auf eine weitere Voraussetzung angewiesen zu sein, nämlich auf die Voraussetzung einer gewissen Freiheit. Denn jemand, der gar nicht die Freiheit oder Möglichkeit besitzt, sich für oder gegen die Verletzung einer Moralnorm zu entscheiden und diese Entscheidung in die Tat umzusetzen, *kann* eine solche Verletzung offenbar

auch gar nicht vorsätzlich oder fahrlässig herbeiführen.
Stürzt A den B von einem Balkon und bricht B dabei
dem C, auf den er hinabfällt, einen Arm, dann *kann* B
für die Verletzung von C keine Schuld treffen; denn B
hatte zu seinem Verhalten keine Alternative. Man würde in einem solchen Fall zu Recht sagen, dass B keine
Schuld trifft, weil er für sein Verhalten nicht *verantwortlich* war.

Dies würde niemand bestreiten. Das eigentliche Problem der Willensfreiheit jedoch, das seit langem äußerst umstritten ist, geht weit darüber hinaus. Es lautet, knapp formuliert: Ist in Wahrheit nicht jeder
Mensch – genau wie B in unserem Beispiel – für *alle*
seine Handlungen und damit auch für alle seine Moralverstöße *dann* nicht verantwortlich, wenn jeder
Mensch in seinem gesamten Verhalten *determiniert* ist
und damit überhaupt keine Willensfreiheit besitzt?

Um diesem Problem beizukommen, müssen wir
zwei Fragen auseinanderhalten: 1. Ist der Mensch wirklich determiniert? 2. Welche Konsequenzen hat es, falls
der Mensch determiniert ist, tatsächlich für seine Willensfreiheit und seine moralische Verantwortlichkeit?

Ist der Mensch wirklich determiniert? Zunächst einmal: Was ist mit der Behauptung, der Mensch sei determiniert, genau gemeint? Man kann allein zu dieser
Frage, verarbeitet man die Forschungen der modernen
Neurophysiologie, ein ganzes Buch schreiben. Man
kann die Frage aber auch, konzentriert man sich auf
das, worauf es ankommt, in wenigen Sätzen beantworten, nämlich wie folgt. Der Determinismus im Bereich
menschlichen Handelns besagt: Jedes menschliche
Handeln geht letztlich auf Ursachen zurück, die au-

ßerhalb des Handelnden selbst liegen. Zwar ist jede
wirkliche Handlung unmittelbar durch einen psychischen Zustand oder ein psychisches Ereignis in dem
Handelnden selbst verursacht. Ich habe den *Wunsch*,
heute Abend ins Theater zu gehen, und treffe darauf-
hin die *Entscheidung*, mir rechtzeitig eine Karte zu besorgen, was ich anschließend dann auch tue.

Doch solche psychischen Zustände und Ereignisse
kommen, so der Determinismus, nicht aus dem
Nichts; auch sie haben wieder Ursachen. Diese Ursachen aber sind Ereignisse in meinen Nervenbahnen
und somit rein physischer Natur. Diese physischen Ereignisse aber haben – wie alle physischen Ereignisse –
auch ihrerseits wieder physische Ursachen. Diese ferneren Ursachen aber brauchen wir nicht allzu weit zu-
rückzuverfolgen, um an einen Punkt zu gelangen, der
jedenfalls *außerhalb* meiner Person liegt. Gleichgültig,
ob diese ferneren Ursachen von früher her über mein
Erbgut oder von außen her über meine Umwelt mein
Handeln geprägt haben: Jedenfalls sind diese Ursachen
in keiner Weise, weder im physischen noch im psychischen Sinn, Teil meiner Person.

Mit anderen Worten: Ich bin zu keinem Zeitpunkt
die *Ersturache* oder der eigentliche Auslöser meiner
Handlungen. Alle meine Handlungen gehen letztlich
auf Ursachen zurück, die ich selbst in keiner Weise beeinflussen konnte. Genau dieses ist die entscheidende
These des Determinismus. Hat der Determinismus
recht?

Bewiesen wäre der Determinismus wohl erst dann,
wenn man alle Handlungen der Menschen, weil sie determiniert sind, auch wirklich zuverlässig voraussagen

könnte. Daraus folgt allerdings nicht, dass die Tatsache, dass man dies jedenfalls bislang *nicht* kann, den Determinismus widerlegt. Denn diese Tatsache kann ja darauf beruhen, dass uns nicht alle relevanten Gesetzmäßigkeiten und Ausgangsbedingungen im Bereich menschlichen Handelns bekannt sind. Auch in anderen Bereichen der Natur bezweifeln wir ja die Determiniertheit der Geschehnisse nicht schon deshalb, weil wir zu zuverlässigen Voraussagen nicht in der Lage sind. Man denke etwa an den Bereich des Wetters, das wir allenfalls kurzfristig einigermaßen sicher voraussagen können. Und können wir etwa das Verhalten unserer Haustiere, die wir in der Regel ja durchaus für determiniert halten und die wir außerdem auch recht gut kennen, genau voraussagen?

Manche Philosophen meinen, die Unrichtigkeit des Determinismus, also der Indeterminismus, sei schon dadurch bewiesen, dass die meisten Menschen sich in ihren Entscheidungen und Handlungen nicht determiniert *fühlen*, sondern so etwas wie ein Freiheitsbewusstsein haben. Dies ist natürlich ein sehr schwaches Argument. Denn ebenso gut könnte man sagen, ein Mensch könne schon deshalb nicht vom Krebs befallen sein, weil er sich vollkommen gesund fühle (was bekanntlich bei einer Krebserkrankung im Frühstadium durchaus möglich ist).

Nach alledem neige ich, in Bezug auf den Determinismus, zu einer agnostischen Position des Zweifels. Keinem Zweifel kann jedoch der folgende Punkt unterliegen. Selbst wenn nicht alles menschliche Verhalten durch vorausgehende Ursachen determiniert ist, so bestehen mit Sicherheit doch gewisse *Faktoren* in der

Anlage und der Umwelt der Menschen, die ihr Verhalten in eine bestimmte Richtung lenken oder ihm einen gewissen Rahmen vorgeben und damit bestimmte Verhaltensweisen im vorhinein zumindest wahrscheinlich machen. Stehe ich als Musikliebhaber etwa vor der Wahl, abends in einer fremden Stadt entweder in die Oper oder in ein Rockkonzert zu gehen, kann jeder, der mich kennt, mit an Sicherheit grenzender Wahrscheinlichkeit voraussagen, welche Wahl ich treffen werde. Ich muss also durch meine Gene oder meine Umwelt in der Weise geprägt worden sein, dass für mich nur die Oper in Betracht kommt.

Wie steht es nun um die Konsequenzen des Determinismus, vorausgesetzt, dass er zutrifft, für die Willensfreiheit sowie für die moralische Verantwortlichkeit der Menschen? Kann man immer noch sagen, dass ich einen freien Willen habe, dass die Entscheidungen, die ich für mein Handeln treffe, frei sind, wenn mein Wille und meine Entscheidungen im genannten Sinne determiniert sind? Das kommt entscheidend darauf an, was man unter jener Freiheit, um die es hier geht, genau verstehen will. Wenn man »Freiheit« einfach als *gleichbedeutend* mit »Indeterminiertheit« versteht, ist die Antwort natürlich einfach: *Diese* Freiheit – ich nenne sie Freiheit 1 – und der Determinismus sind sicher *nicht* miteinander vereinbar. Wie aber kann man »Freiheit« sonst noch verstehen?

Betrachten wir zunächst die Freiheit, die wir gewöhnlich unseren (äußeren) Handlungen zuschreiben, bevor wir zur Freiheit ihrer (inneren) Voraussetzungen, also unserer Willensakte und Entscheidungen kommen. Mit Sicherheit können wir unser Handeln im

Prinzip selbst dann noch als »frei« in einem ganz bestimmten Sinn bezeichnen, wenn es determiniert ist. Wir besitzen nämlich eine gewisse Freiheit zum Handeln, eine Handlungsfreiheit – ich nenne sie Freiheit 2 – genau dann, wenn wir *nicht* durch äußere Umstände an der betreffenden Handlung gehindert werden. So besitze ich die Freiheit, heute nach dem Mittagessen einen Waldspaziergang zu machen. D, der zurzeit im Gefängnis sitzt, oder E, der beide Beine verloren hat, besitzen diese Freiheit nicht. Dieser wesentliche Unterschied in der Handlungsfreiheit der drei Personen bleibt vom Determinismus völlig unberührt: Ich *kann* nach dem Mittagessen, wenn ich will, den Spaziergang machen; D und E dagegen *können* dies, selbst wenn sie es wollen, nicht.

Natürlich kann auch ich den Spaziergang in einem gewissen Sinn (im Sinn des Indeterminismus) *nicht* machen, falls ich *determiniert* bin, ihn nicht zu machen. Da ich aber, selbst dann, wenn ich im Prinzip determiniert bin, gar nicht *weiß* – und unter realistischen Bedingungen gar nicht wissen *kann* –, ob ich determiniert bin, den Spaziergang zu machen, oder ob ich determiniert bin, ihn nicht zu machen, ist und bleibt die »Freiheit«, die für mein Denken und Entscheiden zählt, die Freiheit 2. Denn vorausgesetzt, dass ich, wie D und E, auch Freiheit 2 zum Spaziergang nicht hätte, so würde es sich für mich vollkommen erübrigen, irgendwelche Überlegungen anzustellen, ob ich nun wirklich den Spaziergang machen oder ob ich lieber im Fernsehen eine Sportsendung sehen oder vielleicht eine anstehende Gartenarbeit erledigen soll; denn den Spaziergang könnte ich ja ohnehin nicht machen. Tatsächlich aber kann ich den Spaziergang jedenfalls in *einem* ganz wesentlichen Sinn des Wortes machen. Und wenn ich mich rational verhalte, werde ich mir überlegen, wie ich meine Zeit am besten verbringe, ob ich also den Spaziergang oder etwas anderes machen soll. Denkbar wäre es natürlich auch, dass ich in der Überzeugung, determiniert zu sein, an *jeglicher* Freiheit verzweifle und mich ins Bett lege, um mich in Zukunft »meinem Schicksal zu überlassen«. Doch auch dies wäre in Wahrheit ja die Entscheidung für eine Handlung, die im Rahmen meiner Freiheit 2 liegt – allerdings eine sehr unvernünftige Entscheidung mit schlechten Folgen.

Neben Freiheit 2 gibt es aber noch eine weitere Freiheit, die von Freiheit 1 unabhängig ist; sie betrifft speziell das menschliche Wollen und Entscheiden. Diese Freiheit – Freiheit 3 – besteht nicht wie Freiheit 2 in der *physischen* Freiheit, eine bestimmte Handlung auszuführen, sondern in der *psychischen* Freiheit, sich für eine bestimmte Handlung zu entscheiden. Ich selbst besitze, was meinen Spaziergang angeht, diese Freiheit: Es ist für mich eine offene Frage, ob ich heute nach dem Mittagessen einen Spaziergang machen soll oder nicht. Ich fühle mich bei der Entscheidung dieser Frage keinerlei psychischem Zwang oder Druck ausgesetzt. Wäre ich jedoch in einer neurotischen Weise fernsehsüchtig und würde jede freie Minute vor dem Fernseher verbringen, so hätte ich Freiheit 3 zu dem Spaziergang nicht. Ich stünde zwar nicht unter physischem, wohl aber unter psychischem Zwang, auf den Spaziergang zu verzichten und stattdessen fernzusehen. So, wie die Dinge liegen, bin ich jedoch in der

Lage, ohne psychischen Druck die Vor- und Nachteile eines Spaziergangs rational gegeneinander abzuwägen und damit in genau diesem Sinn eine »psychisch freie« Entscheidung zu treffen. Die Freiheit 3 meines Willens ist in diesem Fall also auch dann gegeben, wenn Freiheit 1 meinem Willen fehlt, weil ich determiniert bin.

Natürlich kann ein Mensch Freiheit 3 für bestimmte Entscheidungen haben, für andere aber nicht: Der eine Mensch ist fernsehsüchtig, ein anderer alkoholsüchtig, ein dritter sexsüchtig, ein vierter nichts von alledem. Auch ist es in der Praxis oft schwer zu sagen, von welchem genauen Punkt an eine Sucht oder Abhängigkeit im Sinn eines psychischen *Zwangs* zu einem bestimmten Handeln im Vollsinn des Wortes vorliegt. Die Tatsache, dass jemand bestimmte Tendenzen oder Vorlieben (etwa für klassische Musik) hat, ist gewöhnlich nur ein möglicher erster Schritt zu einer wirklichen Abwesenheit von psychischer Entscheidungsfreiheit (Freiheit 3) auf dem entsprechenden Gebiet.

Auch die physische Handlungsfreiheit (Freiheit 2) ist ja nicht in allen Fällen entweder vorhanden oder nicht vorhanden; sie kann auch mehr oder weniger *eingeschränkt* vorhanden sein. So haben zwar D und E in meinem Beispiel überhaupt keine Freiheit 2 zu dem fraglichen Waldspaziergang. Man kann sich aber auch leicht jemanden vorstellen, dessen Handlungsfreiheit zu dem Spaziergang zwar vorhanden, aber dadurch deutlich eingeschränkt ist, dass er zu dem Zweck erst einen hohen Drahtzaun überklettern muss oder dass er wegen eines Hüftleidens nur mit Mühe gehen kann.

Warum aber ist nicht nur die Entscheidungsfreiheit, sondern auch die Handlungsfreiheit im Bereich der

Moral von großer Bedeutung? Die Antwort auf diese Frage ist einfach. Erstens kann jemand, der zu einer bestimmten Handlung keine Handlungsfreiheit hat, diese Handlung auch dann nicht ausführen, wenn er sich ohne psychischen Zwang zu ihr entscheidet. Und zweitens wird jemand, der weiß, dass ihm zu einer bestimmten Handlung die Handlungsfreiheit fehlt, normalerweise auch von seiner Freiheit, sich zu dieser Handlung zu entscheiden, keinen Gebrauch machen. Es wäre ja mehr als unsinnig, wenn ich zum Beispiel die Entscheidung treffen würde, heute nach dem Mittagessen, anstatt spazieren zu gehen, Tennis zu spielen. Ich würde zwar gern Tennis spielen, kann aber gar nicht Tennis spielen. Eine bestehende Handlungsfreiheit ist deshalb in der Realität die Voraussetzung dafür, dass man von der entsprechenden Entscheidungsfreiheit überhaupt Gebrauch machen kann.

Eines dürften die vorangehenden Ausführungen gezeigt haben: Die Annahme, der Determinismus im Bereich menschlichen Handelns sei gleichbedeutend mit einer Absage an jede Art von menschlicher Freiheit, ist falsch. Es gibt vielmehr, neben der möglichen Indeterminiertheit des Menschen, in Form seiner Entscheidungs- einschließlich seiner Handlungsfreiheit noch eine ganz andere Freiheit. Von der realen Gegebenheit dieser anderen Freiheit aber können wir erstens in nicht wenigen Kontexten mit Sicherheit ausgehen. Und diese andere Freiheit ist zweitens in sämtlichen Kontexten eine unverzichtbare Voraussetzung unseres alltäglichen rationalen Handelns.

Welche Art von Freiheit ist nun eine Voraussetzung moralischer Verantwortlichkeit? Anders gefragt: Welche Art von Freiheit muss bei einer Handlung vorgelegen haben, damit der Handelnde mit Recht moralischen (oder rechtlichen) Sanktionen ausgesetzt werden kann? Das hängt meines Erachtens entscheidend davon ab, worin man überhaupt den Sinn oder Zweck von Sanktionen erblickt. Derjenige, der den Sinn von Sanktionen wie Tadel, Verachtung und Strafe allein darin sieht, dass dem, der eine Moralnorm verletzt hat, diese Übel zur *Vergeltung* zugefügt werden, ist in der Tat auf die menschliche Freiheit 1 des Indeterminismus angewiesen. Denn es ist nicht nachvollziehbar, dass man einem Täter ein Übel zufügt allein im Blick auf seine vergangene Tat, *sofern* er zu dieser Tat durch außerhalb seiner Person liegende Ursachen determiniert war.

Ganz anders sieht die Sache jedoch für denjenigen aus, der den Sinn der genannten Sanktionen darin erblickt, dass die Zufügung des Übels sowohl beim Täter selbst als auch bei seinen Mitmenschen einer *Prävention* ähnlicher künftiger Taten dient. Denn dieses Ziel – das Ziel der Verhinderung ähnlicher Moralverstöße durch Abschreckung – ist ja zukunftsorientiert und damit ganz unabhängig davon, auf welche letzten Ursachen der zu ahndende Verstoß zurückgeht. Wichtig ist allein, dass die erstrebte Prävention wenigstens teilweise erreicht wird, dass also im Rahmen einer herrschenden Praxis von Sanktionen insgesamt weniger Moralverstöße vorkommen als ohne diese Praxis. Dass dies aber tatsächlich der Fall ist, steht fest (vgl. oben S. 82 f.). Zu bedenken ist dabei, dass die Erreichung des genannten Zieles zwar auf den Determinismus nicht angewiesen ist, wohl aber darauf, dass es sich bei den

Sanktionen jedenfalls um Faktoren handelt, die auf den Motivationsprozess potentieller Täter einwirken und so deren Verhalten in Richtung Normbefolgung jedenfalls beeinflussen können.

Genau diese Beeinflussung durch Abschreckung aber ist ohne die oben dargestellte Entscheidungsfreiheit (Freiheit 3) nicht möglich. Denn wer in einem bestimmten Bereich von einer Sucht anstatt von rationaler Überlegung und Abwägung geleitet wird, ist keiner Abschreckung durch Sanktionen zugänglich. Der Kleptomane, der unter psychischem Zwang stiehlt, oder der sexuelle Triebtäter, der Kinder missbraucht, lässt sich durch eine drohende Strafe gewöhnlich nicht beeinflussen. Vor ihm muss man sich, soweit wie möglich, auf andere Weise schützen. Freiheit 3 ist also in der Tat eine unverzichtbare Voraussetzung moralischer Verantwortlichkeit.

Bestrafen wir trotz allem aber nach dieser Sichtweise zum Zweck der Prävention nicht Menschen, die zu ihren Taten möglicherweise determiniert sind? Das ist richtig. Wäre es aber besser, all jenen Menschen, die keine Täter sind, den in unserer Sanktionspraxis liegenden Schutz vorzuenthalten? Entscheidend ist doch: Kein Mensch mit der genannten Entscheidungsfreiheit *weiß im Vorhinein*, ob er determiniert ist, eine Moralnorm oder Strafnorm zu verletzen (vgl. oben S. 98). Deshalb ist es für jedermann rational, von vornherein jedenfalls die Sanktionspraxis, die ihm ja zweifellos auch Nutzen bringt, zu befürworten. Dass es sich nachher vielleicht herausstellt, dass er – als determinierter Straftäter – mehr Schaden als Nutzen aus der Praxis zieht, ändert daran nichts.

Zum Autor

NORBERT HOERSTER, geboren 1937, Dr. jur., Dr. phil., Master of Arts, war von 1974 bis 1998 Professor für Rechts- und Sozialphilosophie am juristischen Fachbereich der Universität Mainz.

Buchveröffentlichungen u. a.: *Sterbehilfe im säkularen Staat* (Frankfurt a. M.: Suhrkamp, 1998, ²2002), *Ethik des Embryonenschutzes* (Stuttgart: Reclam, 2002), *Ethik und Interesse* (Stuttgart: Reclam, 2003), *Haben Tiere eine Würde?* (München: C. H. Beck, 2004), *Die Frage nach Gott* (München: C. H. Beck, 2005, ²2007) und *Was ist Recht?* (München: C. H. Beck, 2006).